Evelyne Maaß & Karsten Ritschl
Phantasiereisen leicht gemacht
Die Macht der Phantasie

Ausführliche Informationen zu weiteren Büchern aus dem Bereich Kommunikation sowie zu jedem unserer lieferbaren und geplanten Bücher finden Sie im Internet unter www.junfermann.de – mit ausführlichem Infotainment-Angebot zum JUNFERMANN-Programm ... mit Newsletter und Original-Seiten-Blick ...

Besuchen Sie auch unsere e-Publishing-Plattform www.active-books.de – mittlerweile rund 250 Titel im Angebot, mit zahlreichen kostenlosen e-Books zum Kennenlernen dieser innovativen Publikationsmöglichkeit.

Übrigens: Unsere e-Books können Sie leicht auf Ihre Festplatte herunterladen!

Evelyne Maaß & Karsten Ritschl

Phantasiereisen leicht gemacht

Die Macht der Phantasie

Junfermann Verlag · Paderborn

© Junfermannsche Verlagsbuchhandlung, Paderborn 1996
2. Auflage 1998
3. Auflage 2000
4. Auflage 2004
Text-Illustrationen: Martina Kohl
Das Symbol auf dem Frontcover ist ein eingetragenes Warenzeichen von Spectrum KommunikationsTraining.

Satz: adrupa Paderborn
Druck: PDC – Paderborner Druck Centrum

Die Deutsche Bibliothek – CIP-Einheitsaufnahme
Maaß, Evelyne:
Phantasiereisen leicht gemacht: Die Macht der Phantasie / Evelyne Maaß, Karsten Ritschl. – Paderborn: Junfermann, 1996
    ISBN 3-87387-318-4

NE: Ritschl, Karsten:; GT

ISBN 3-87387-318-4

Inhalt

Dankeschön

Dieses Buch ist auf Anregung und Bitte unserer Seminarteilnehmer hin entstanden, die Interesse daran hatten, unsere Art Phantasiereisen, wie sie in unseren NLP-Ausbildungen vermittelt werden, zu modellieren.

Die praktische Erfahrung und die Inspiration, die hinter diesen Phantasiereisen stehen, sind während der Lehrzeit bei all unseren Lehrern gewachsen. Wir danken allen Gruppenteilnehmern, weil sie uns als Reisende wertvolle Hinweise und Verbesserungsvorschläge gegeben haben und sich damit unser Potential erweitern konnte, um zu einer neuen Ausdrucksform zu finden.

Wir danken unseren Familien und unseren Freunden, daß sie uns so liebevoll unterstützt haben, damit wir unsere Gedanken frei fließen lassen konnten.

Martina Kohl, unserer Zeichnerin, gebührt ein großes Dankeschön, weil sie unsere Ideen auf eine kreative und kunstvolle Art zeichnerisch umgesetzt hat.

Wir danken Junfermann, weil der Verlag dem Buch die entsprechende Form und den passenden Rahmen geboten hat.

Wir danken unserem Kater Rufus, daß er uns mit seinem vollen Schnurren intensive Zustände des Nachdenkens verschafft hat und die nötigen kreativen Pausen und Streicheleinheiten mit großer Bestimmtheit liebevoll eingefordert hat.

„Die Vorstellungskraft ist der Anfang der Schöpfung.

Man stellt sich vor, was man will;

man will, was man sich vorstellt;

und am Ende erschafft man, was man will."

George Bernard Shaw

Einladung

Liebe Leser und liebe Leserinnen,

dieses Buch soll eine Reise anregen in sehr persönliche Regionen des eigenen Seins. Hierbei wird hoffentlich eine sehr intime Verbundenheit zwischen Ihnen als Leser und Leserinnen und uns als Schreiber und Schreiberin entstehen. Um dieser vertrauten Atmosphäre schon im voraus eine Möglichkeit der Entfaltung zu geben, bieten wir Ihnen hier das „Du" an.

Wir haben uns bemüht, dieses Buch so zu schreiben, wie wir selbst sprechen, also möglichst authentisch und nahe an unserem eigenen Erleben. Wenn Du Deine Teilnehmer siezt, kannst Du natürlich „Sie" anstelle von „Du" verwenden. Wir duzen unsere Reisenden in unseren Seminaren, weil wir gemeinsam an sehr persönlichen Zielen und Veränderungen arbeiten und weil wir dadurch schnell und einfach eine Verbindung zum Unbewußten herstellen können.

Um das Lesen einfacher zu machen, haben wir auf die etwas komplizierte Form von Leser und Leserinnen, Reisender und Reisende etc. verzichtet und bitten alle Leserinnen, sich auch als Reisender, Leser und Partner angesprochen zu fühlen und/oder dies in Gedanken oder in der eigenen Anrede auszutauschen.

Wir möchten Dich einladen, dieses Buch als eine Anregung zu nutzen, unsere Art Phantasiereisen zu gestalten, kennenzulernen, und Dein kreatives Potential und Deine persönlichen Spielarten zu entwickeln, um Deinen eigenen Stil in Deine eigenen Phantasiereisen einzubringen.

Phantasie – alles ist möglich

„Phantasie ist wichtiger als alles Wissen."
– Albert Einstein

Wie kam es dazu, daß Einsteins unglaubliche Ideen in seinem Gehirn geboren wurden? Wie kommt es zu einem solchen Wunder der mentalen Fähigkeiten? Einstein selbst sagt dazu: „Auf der Bühne unseres seelischen Erlebens erscheinen in bunter Folge Sinneserlebnisse, Erinnerungsbilder, Vorstellungen und Gefühle. Meine typische Art zu denken ist visuell und motorisch." Er selber sagt, die Wörter der Sprache, wie sie geschrieben oder gesprochen werden, sind für ihn nicht unbedingt die primären Träger seiner geistigen Gebilde. Für ihn sind bestimmte

Zeichen oder bildliche Vorstellungen, die er absichtlich reproduzieren und kombinieren kann, ein wichtiger Bestandteil dessen, wie er seine genialen Fähigkeiten nutzen kann. Er spricht von Bildern und Gefühlen.

Die Phantasie gibt uns den Schlüssel für die Lösung von Problemen und ermöglicht es, uns kreativ und schöpferisch auszudrücken.

Die Phantasie ist die treibende Kraft, um unsere innere Realität zu beeinflussen. Das, was wir denken und wie wir denken, hat Einfluß darauf, wie und was wir wahrnehmen, welche Erfahrungen wir machen und welche Bedeutung wir diesen Erfahrungen beimessen.

Phantasien sind intensive Potentiale oder Kräfte, die unsere inneren Programme aktivieren und verändern können. Mit der Phantasie schaffen wir innere Realitäten. Wir entwerfen Ideen, Gedanken und persönliche Überzeugungen.

Phantasieren ist ein schöpferischer Akt. Wir bestimmen, wie wir diesen Prozeß für uns nutzen. Man kann sich negative Bilder, Töne, Erfahrungen produzieren, oder aber positive, fördernde und unterstützende Selbstbilder, Ideen und Gedanken, die einen unterstützen, das zu leben, was man wirklich leben möchte.

Die Phantasie hilft uns, Ziele zu entwickeln, Visionen zu erleben, neue Perspektiven zu schaffen, ein neues Selbstbild zu entwerfen, unsere Werte und Überzeugungen zu entwickeln, wünschenswerte Verhaltensweisen schon einmal in Gedanken entstehen zu lassen und unsere Identität zu verändern.

In der Phantasie können wir alles durchspielen, was real noch nicht möglich ist. Wir können „so tun, als ob" und damit einschränkende Grenzen aufheben. In der Phantasie haben wir den schöpferischen Freiraum, alles zu denken, was uns einfällt.

Warum Phantasiereisen?

Das Geschenk von Phantasiereisen ist es, uns selbst die Augen zu öffnen und unseren Geist von seinen Fesseln zu befreien. Du kannst verborgene Quellen der Kreativität erschließen und daraus schöpfen. Während Du der Phantasie freien Lauf lassen kannst, Dir Variationen ausdenkst und spielerisch Neues entdeckst, kannst Du die Vielfalt menschlicher Reaktionen und Fähigkeiten erkennen und den Mut dazu haben, selbst das Unmögliche zu denken, das Unmögliche möglich zu machen.

Phantasiereisen sind nicht dazu gedacht, in Traumwelten zu verweilen, Phantasiegebilde aufzubauen und sich darin zu flüchten, sondern sie sind auf bestimmte Zeit ausgelegte Ausflüge, bei denen man Erfahrungen macht, um sie im Alltag sinnvoll zu nutzen.

Das Ziel jeder Phantasiereise ist es, die eigene Phantasie als eine Quelle der Kreativität kennenzulernen und diesen Zustand für den persönlichen Lern-Prozeß zu nutzen.

Es besteht ein immenser Unterschied zwischen dem Wunsch und dem in der Phantasiereise Erlebten. Man wünscht sich nicht bloß, am nächsten Tag selbstbewußt zu sein, sondern erlebt sich als selbstbewußt und sicher. Man übt das Verhalten in seiner Phantasie; im Spielen. In der Phantasiereise übt der Körper das Muster für die Tat. In diesen gelenkten oder gezielten Tagträumen kann man in seiner Phantasie einen hohen Berg ersteigen, rauschhafte Freiheit erleben, weite Horizonte sehen, den offenen Himmel genießen, erhebende spirituelle Gefühle erfahren oder Visionen haben, die einem Vertrauen in die eigene Stärke geben. Die dabei enstehenden Gefühle von Angenommen-Sein, Aufgehoben-Sein, von Liebe und Vertrauen und von Geborgenheit können die ganze Persönlichkeit beeinflussen. Je tiefer wir entspannen, desto stärker geraten wir in den Zustand von Gelöstheit und Wohligkeit, in einen Zustand von Positivität; Sorgen und Angst und Probleme fallen von einem ab, der Körper fühlt sich unbeschwert und angenehm an, und man erlebt sich als sicher, geborgen und geschützt.

Zeit

Eine entscheidende Rolle nimmt in diesen Bereichen die Welt der inneren Zeit ein. Wenn wir lernen, den Prozeß des Bilderlebens zu erwecken, können wir die Wahrnehmung unserer Zeit verändern. Die Zeit ist eines unserer unberührten und größten Potentiale. Zeit ist eben mehr als ein nicht-räumliches Kontinuum, und jeder von uns kennt Situationen, wo die Zeit ganz schnell gelaufen ist und ein Abend wie im Fluge vergangen ist, und jeder von uns kennt Situationen, wo sich eine Minute elend lang dahindehnt hat.

Um die Kräfte der Zeit zurückzuerobern und kennenzulernen, kann man beginnen, diese Zeit und ihre außerordentliche Reichweite innerhalb der Phantasiereisen zu erleben. Wir machen nicht Erfahrungen mit dem logischen begrifflichen und linearen Bewußtseinsbereich, sondern tauchen hinab in den intuitiven, unbegrifflichen und nicht-linearen Bereich.

Die Phantasie hebt die Zeit auf. Phantasie kann dafür eingesetzt werden, unsere Vergangenheit, Gegenwart und Zukunft positiv zu verändern.

Die Vergangenheit können wir beeinflussen, indem wir neue Bilder entstehen lassen von den Erinnerungen, d.h. daß wir die Möglichkeit haben, uns von dieser Information ein Stück zurückzuziehen, sie von außen zu betrachten, loszulassen, zu verändern oder dem Kind in uns heute die Liebe, Zuwendung, Sorgfalt und Aufmerksamkeit zu geben, die es damals gebraucht hat, um damit die persönliche Bewertung vergangener Erlebnisse unterstützend zu ändern.

In der Gegenwart kannst Du bemerken, daß Dein Gefühlsbereich reifer wird, daß Deine Erlebnismöglichkeit sich intensiviert und daß Deine Fähigkeit wächst, das Leben bewußt zu erfahren. Keine Theorie kann den Menschen direkt erfassen oder berühren, aber wenn Du Dich freust, dann ist dieses Gefühl eine innere Wirklichkeit. Durch die Öffnung für Dein eigenes Potential kann sich Dein Alltag vielfältiger und farbiger gestalten.

Der Volksmund sagt: „Das fällt mir nicht im Traume ein" und gibt damit einen wichtigen Hinweis, wie notwendig Vorstellungen und Träume für die Realisierung unserer Wünsche sind.

Unsere Zukunft können wir verändern, indem wir Lebensziele und Visionen entstehen lassen und Wege entwerfen, diese Ziele oder Visionen zu leben. Aus der Fülle der eigenen Ressourcen und der unerschöpflichen Quelle der Vorstellungskraft sind unerwartete Lösungen, ungeahnte Möglichkeiten und eine Fülle neuer

Ideen denkbar, die man innerlich durchspielt und sich so all seiner unendlichen Handlungsalternativen bewußt wird.

Selbstentfaltung

Während des Phantasiereisens tritt ein Bewußtseinszustand ein, der verschieden ist vom Tagesbewußtsein. Man löst sich zunächst vom Tagesgeschehen und Wachbewußtsein durch ein Zurückziehen der Sinne von der Welt. Dieses Zurückziehen der Sinne von der Welt hat eine Jahrtausende alte Tradition, die Menschen schon immer genutzt haben. Fast jede Kultur hat einen meditativen oder trance-ähnlichen Zustand gekannt, und es sind unterschiedliche systematische Übungen entwickelt worden, um dieses Zurückziehen der Sinne von der Welt zu unterstützen. Ziel solcher Praktiken ist in der Regel bei allen Kulturen die Entspannung und Lösung des Körpers, die Verbindung mit dem Absoluten und die Selbstentfaltung. Oftmals geht es darum, daß Menschen ihre psychischen Schwierigkeiten besser bewältigen können und ihre Persönlichkeitsentwicklung erweitern und wieder in Fluß bringen können. Persönliches Wachstum, Selbstverwirklichung, Persönlichkeitsentfaltung, vor allem die Entwicklung und Förderung der kreativen und gesunden Potentiale des Menschen stehen hier im Mittelpunkt. Diese Potentiale sind in jedem Menschen enthalten und nicht nur eine Fähigkeit von Genies und Begabten.

Dieser Überfluß in uns kann wieder erweckt werden, um selbstverwirklicht zu leben, sich in sich zu Hause zu fühlen, sich wohl zu fühlen mit sich selbst.

Wir haben ein Recht darauf, alle unsere Fähigkeiten zu entwickeln, freier und glücklicher zu werden, an uns selbst Freude zu haben, an unserer Umwelt und anderen Menschen tiefen Anteil zu nehmen, unsere eigenen Wünsche und Bedürfnisse stärker zu entdecken und uns für das zu engagieren, was wir für wichtig halten.

In unserer Kultur haben wir unsere rationale Seite, den Verstand, sehr stark gefördert, während unsere Fähigkeit zum Erleben, Fühlen und Empfinden meist unterentwickelt ist. Selbstentfaltung ist nicht allein nur mit dem Verstand zu erreichen, sondern durch gelebte Lebenslust, mit Bauch, Herz und Verstand, aus der eigenen ursprünglichen Erfahrung heraus.

Das Hauptziel dieses Buches ist es, zu direkten Erfahrungen anzuleiten. Der natürliche Weg zur Selbstentfaltung ist, mehr darauf zu hören, was wir empfinden und fühlen. Selbstverwirklichung bedeutet, zu erkennen, wo wir uns bisher etwas vorgemacht haben, vorher abgewehrte Aspekte unserer Persönlichkeit (Schwächen und Stärken) zu bejahen, zu akzeptieren und anzunehmen, unser Selbstbild zu vervollständigen und zu erweitern, so daß wir ehrlicher werden, authentischer und kongruenter. Dies führt dazu, daß andere Menschen sich uns näher fühlen, uns als echter empfinden oder menschlicher. Gefühle von Ärger, Angst oder Traurigkeit oder Schmerz wollen wahrgenommen, ernst genommen, ausgedrückt und losgelassen werden. Zur Selbstentfaltung gehört neben der bewußten Wahrnehmung der eigenen Gefühle auch deren Ausdruck. Es gibt viele kreative Möglichkeiten, diese Gefühle zu würdigen: in einem Tanz, in einem Bild, in einem Gedicht. Schreib einen Brief für Dich, den Du bei Dir behältst, oder tausch Dich mit jemanden aus, der Dir aufmerksam und teilnehmend zuhört.

Die Verantwortung für Dein Leben kannst nur Du für Dich übernehmen. Sich verantwortlich für sich selbst zu fühlen bedeutet nicht, seinen Blick abzuwenden von dem, was um uns herum passiert. Es ist wahr, daß natürlich in unserer Umwelt auch negative Impulse stattfinden, wachstumshinderliche Einflüsse da sind, aber es ist genauso wahr, daß es wachstumsfördernde, unterstützende Einflüsse gibt, die Du nutzen kannst. Wenn Du anfängst, die Verantwortung für Dich selbst zu übernehmen, wirst Du mehr und mehr fähig sein, aktiv zu werden und etwas in Deiner Umwelt zu verändern oder dafür zu sorgen, daß Du eine andere Lebenssituation für Dich schaffst.

Die Verantwortung für sich selbst zu übernehmen heißt auch, scheinbare Gegensätze in uns auszusöhnen, daß wir unsere Vielfalt akzeptieren können, den erwachsenen Teil ebenso wie den kindlichen, den abweisenden ebenso wie den liebenden, den weichen ebenso wie den harten, den männlichen ebenso wie den weiblichen.

Selbstentfaltung bedeutet für uns nicht, sich in seine stille Höhle zurückzuziehen, sondern die gewonnene Energie dazu zu nutzen, auch in der Welt Veränderungen zu bewirken und gesellschaftlich zu arbeiten. Wer gern und lustvoll lebt, hat auch ein Interesse daran, diesen Lebensraum zu schützen, zu erhalten und an nachfolgende Generationen weiterzugeben.

Abraham Maslow hat gesagt, daß die innerste und unverfälschlichste Natürlichkeit eines Individuums, seine innersten Werte und Strebungen für ihn selbst und für die Gesellschaft immer am positivsten sind. Die innerste Natur des Menschen ist nicht gefährlich, wild und böse und muß nicht in Schach gehalten und gezähmt werden. Dieses Grundmißtrauen der menschlichen Natur gegenüber, das aus vielen Religionen und Philosophien und auch Psychotherapien bekannt ist, ist nach Maslow ein Mißverständnis, denn bei dem Prozeß der Selbstentfaltung wächst in jedem von uns das Vertrauen in die eigene innerste Natur und in die menschliche

Natur überhaupt, und Gefühle und Bedürfnisse werden nicht mehr als lästig wahrgenommen, sondern freudig begrüßt. Maslow teilt diese Ansicht der humanistischen Psychologen auch mit Milton Erickson, den Entwickler der Hypnotherapie, der gesagt hat: „Das Unbewußte ist Dein Freund, Du kannst es nutzen und mit ihm einen freundschaftlichen Kontakt herstellen, um mit Dir im Einklang zu leben."

Das Unbewußte – Dein Freund

Was ist eigentlich das mysteriöse Unbewußte? Selbst unter Psychologen herrscht in dieser Beziehung keine Einigkeit. Einige halten es für eine Realität, andere für eine Hilfskonstruktion, wieder andere für den Sitz der Triebe und Instinkte; manche halten das Unbewußte für den Sitz sämtlicher höheren Kräfte im Menschen und setzen es auf diese Weise gleich mit Gott.

Es gibt eine Vielfalt von Erklärungen, was das Unbewußte ist. Seine Hauptfunktion ist das Gedächtnis, es kontrolliert die Ausführung aller Bewegungsabläufe des physischen Körpers. Es ist die Quelle aller Emotionen und Gefühle, es ist die Quelle aller geistigen und körperlichen Angewohnheiten und allen Verhaltens.

Entgegen der verbreiteten Auffassung ist das Unbewußte niemals unlogisch, irrational oder unvernünftig. Alles, was es tut, entspricht seiner eigenen Logik. Oft sind wir uns jedoch nicht der Voraussetzungen bewußt, von denen es ausgeht, wenn es einen Schluß zieht oder eine Handlung unternimmt, d.h. wir erinnern uns nicht mehr an die eigenen Programme, an die eigenen Anweisungen, die wir dem Unbewußten meist vor langer Zeit gegeben haben. Die Überzeugungen, Einstellungen, Meinungen des Unbewußten werden überwiegend in der frühen Kindheit gebildet. Die Einflüsse können ein Leben lang wirksam bleiben, wenn sie nicht verändert werden; neue Befehle müssen durch das Einüben neuer Angewohnheiten gegeben werden.

Wenn Du glaubst, daß das Unbewußte unlogisch ist, dann wäre jeder Versuch Dich zu verändern reine Glückssache und dem Zufall unterworfen. Wenn Du jedoch weißt, daß es logisch ist, brauchst Du es nur noch überzeugen, damit es in einem anderen System von Überzeugungen und Einstellungen handelt, d.h. heute nach neuen Maßstäben entscheidet.

Das Unbewußte steht in ständiger Kommunikation mit dem Bewußtsein, und die meisten Menschen können aus dieser wertvollen Quelle keinen Nutzen ziehen.

Unser Unbewußtes spricht durch Träume, Tagträume, Gefühle, körperliche Empfindungen und gelegentlich durch einen „Freudschen Versprecher" mit uns. Jeder Mensch hat bereits von diesem Wissen und der Erfahrung des Unbewußten profitiert, wenn man intuitiv gehandelt hat, einen „Geistesblitz" erfahren hat oder man z.B. innerlich inspiriert worden ist oder unbewußt einfach das Richtige getan hat. Ständig gibt uns das Unbewußte Signale und wartet darauf, geführt zu werden. Wenn keine richtunggebenden Impulse vom Bewußtsein kommen, dann wird das Unbewußte seinen Angewohnheiten und Mustern entsprechend handeln.

Manche Menschen haben das Gefühl, einem ganz Fremden gegenüberzustehen, und wissen nicht, daß ihr Unbewußtes ein elementarer Bestandteil ihrer Person ist. Sie haben den Kontakt zu ihrem Unbewußten so weit verloren, daß sich Bewußtsein und Unbewußtsein wie zwei Menschen begegnen, die ausschließlich geschäftlich miteinander zu tun haben. Sie haben keine Ahnung, welche Hoffnungen, Wünsche, Vorlieben und Abneigungen, Ängste, Stärken und Schwächen der andere hat. Hier gilt es, sich einander wieder anzunähern und sich auf eine neue Art kennenzulernen, wie zwei neugierige Fremde, die Lust haben, Freundschaft miteinander zu schließen.

Wir meinen, daß das Bewußtsein und das Unbewußte in einem natürlichen Wechselspiel in Beziehung stehen, sich austauschen, kommunizieren und sich gegenseitig beeinflussen und bereichern können. Wir sehen die Einheit zwischen Körper, Geist und Seele als ein Zusammenspiel dieser drei Elemente in unserem Leben. Kein Teil übernimmt eine übergeordnete Rolle, sondern alle Elemente existieren gleichberechtigt und stehen miteinander in Verbindung. Das Unbewußte betrachten wir als einen Freund, der einen großen Erfahrungsschatz und Weisheit in sich birgt.

Unbewußtsein ist kein Zustand, den man entweder hat oder nicht hat, sondern ist ein Prozeß und eine ständige Aktivität. Unser Unbewußtes ist unser ständiger Begleiter. Es steuert alle Vorgänge, die nicht bewußt ablaufen. Da wir viele Handlungen im Alltag ohne unser volles Bewußtsein durchführen, ist unser Unbewußtes immer präsent. Wer kennt nicht das Tagträumen, bei dem wir uns für einige Zeit nicht bewußt sind, daß wir träumen und phantasieren?

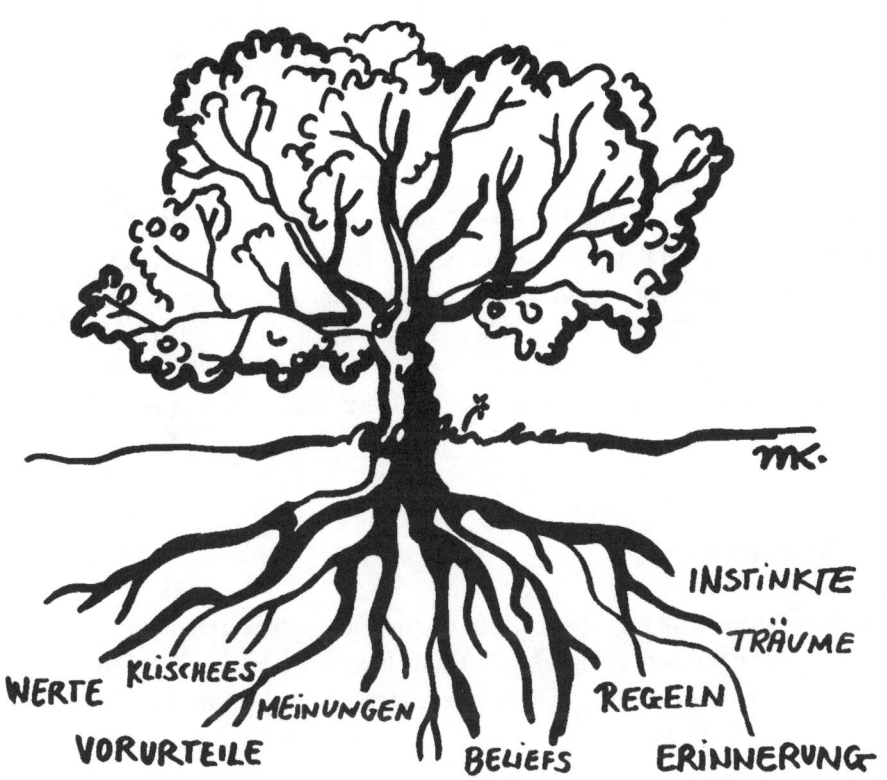

BEWUßTES

INSTINKTE
TRÄUME
WERTE   KLISCHEES
MEINUNGEN   REGELN
VORURTEILE   BELIEFS   ERINNERUNG

UNBEWUßTES

Das Unbewußte und das Bewußte sind eine Einheit, so wie bei einem Baum die Wurzeln, Stamm, Äste und Blätter eine Einheit bilden. Die Wurzeln nähren den Baum, geben ihm Festigkeit und sind ein Teil von ihm. Kein Teil könnte ohne den anderen existieren.

Entspannung

Durch den Körper sind wir mit der Welt verbunden. Er ist unsere Chance, uns zu spüren, uns auszudrücken und lebendig zu fühlen. Unser Ziel ist es, mit dem Körper zusammenzuarbeiten, ihn wahrzunehmen, wieder zu spüren und seine Lebendigkeit zu genießen.

Bei den Phantasiereisen wird ein vorübergehender Zustand veränderter Aufmerksamkeit aktiviert. Während die körperlichen Funktionen reduziert werden und es zu einer Entspannung des Körpers kommt, werden die psychischen und geistigen Funktionen aktiviert.

Die körperliche Entspannung bei den Reisen könnte allein schon ein guter Grund sein, diese regelmäßig zu machen. Der Nutzen führt jedoch weit über die Entspannung hinaus. In tiefer Entspannung können wir Kontakt zu unseren normalerweise unbewußten Seelenanteilen bekommen und dies kann unseren gesamten Organismus beeinflussen. So können wir uns beispielsweise in dieser tiefen Entspannung mit verdrängten, seelischen Potentialen versöhnen, abgelehnte Persönlichkeitsteile wieder annehmen und uns Anregungen zu Gesundheit und Wohlbefinden eingeben.

Voraussetzungen

Der Reisende braucht keine besonderen Voraussetzungen, wie etwa ein bestimmtes Wissen oder besondere Fähigkeiten, um eine Phantasiereise durchzuführen. Diese Reisen richten sich an alle psychisch gesunden Menschen, die Lust haben und neugierig sind, die eigenen Schätze kennenzulernen und aus den Quellen ihrer Kreativität zu schöpfen.

In einem entspannten Bewußtseinszustand fällt es in der Regel leicht, Bilder entstehen zu lassen und der Phantasie freien Raum zu lassen. Es gibt Platz und Zeit genug, Gedanken und Ideen zu entwickeln, die unterstützende Antworten darstellen können für die eigene Entwicklung. Die Antworten werden in der Phantasiereise nicht suggeriert oder anderweitig vorgegeben, sondern es wird ein Rahmen gesetzt, in dem es besonders leicht fällt, eigene Potentiale kennenzulernen, wiederzuentdecken und für die persönliche Entwicklung zu nutzen. Der Reisende kann sich führen und anregen lassen, oder aber seinen eigenen Gedanken während der Reise nachgehen. In der Phantasiereise hat man den Platz, seinen eigenen Assoziationen nachzugehen. Man kann bekannte Ressourcen wiederentdecken und sie für eigene kreative Lernprozesse nutzen. Der Reisebegleiter macht dem Unbewußten Vorschläge, aus denen dieses wählen kann. Der Reisende bestimmt selbst, wie aktiv er sich an der Reise beteiligt.

Gefühle

Wenn nach einer Phantasiereise einmal sehr starke Gefühle übrigbleiben, so bietet es sich an, zunächst ein Bild zu malen oder aufzuschreiben, was Du erlebt hast. Manchmal ist es auch gut, zu tanzen und das Gefühl in Bewegung umzusetzen oder einen anderen Mitreisenden zu finden, um sich darüber auszutauschen. Starke Gefühle haben ein Recht darauf, daß wir sie wahrnehmen, annehmen und auch umsetzen. Das bedeutet nicht, sie unbedingt unmittelbar in eine Interaktion einfließen zu lassen, sondern sie erst einmal in Form eines Briefes, einer Möglichkeit sich körperlich abzureagieren oder in einem geschützten Gespräch auszudrücken. Dabei geht es nicht darum, zu bewerten oder zu analysieren, sondern einfach nur mitzuteilen und in einem Gespräch zu erforschen, was das Wichtige an diesem Erlebnis war. Wenn wir diese Gefühle zulassen, erleben wir manchmal danach ein vermehrtes Gefühl von Glück und Liebe, das als größere Ruhe und Entspannung und auch als vermehrte Energie in unserem Körper fließen kann, und dieses Gefühl können wir dann in unseren Alltag mit hineinnehmen.

Manchmal entstehen bei Phantasiereisen „Gipfelerlebnisse". Dies sind Momente des Glücks:

▼ die schönsten, wunderbarsten Erfahrungen Deines Lebens;
▼ die glücklichsten Augenblicke;
▼ ekstatische Zustände;
▼ Momente des Entzückens;
▼ Verliebtsein;
▼ Zeiten inniger Verbundenheit und Liebe;
▼ ein berauschendes Musikerlebnis;
▼ plötzliches Berührtsein durch einen Film, ein Gemälde oder die Natur.

Wer solche Gipfelerlebnisse in einer Phantasiereise erleben kann, der nimmt wahr, wie die innere Wirklichkeit mehr und mehr Freiheit erfährt. Er lernt, einen Blick in den Himmel zu werfen und dann zurück auf der Erde, ein Stück von diesem Erleben zu integrieren. Jemand, der solche Gipfelerlebnisse erlebt hat, handelt anders in seinem täglichen Leben.

Roter Faden durch das Buch

Im ersten Kapitel dieses Buches geben wir eine kurze Einstimmung in das Potential der Sprache und wie Du mit Sprache zaubern kannst. Worte sind mehr als Informationsträger, sie haben eine eigene schöpferische Energie. Mit Sprache erreichen Dich heute noch Menschen oder Ideen aus der Vergangenheit, indem Du Shakespeare, Schopenhauer oder Aristoteles liest; und Du wirst Generationen nach Dir erreichen, wenn Du Deine wichtigsten Gedanken für die Nachwelt aufschreibst.

Mit Sprache kannst Du Menschen zum Lachen, Weinen, Nachdenken, Ärgern, Lernen, Empfinden, Fühlen, Spüren, Amüsieren, Anbeten, Lieben begeistern. Worte können betören, entzücken, erfreuen, ermuntern. Du kannst mit Worten flirten, hinreißen, erwärmen, streicheln, schmeicheln, imponieren.

Laß Dich hier anregen, wie Du Sprache spielerisch gebrauchen willst.

Im zweiten Kapitel findest Du Tips für die Durchführung von Phantasiereisen. Wir haben hier für den Reisenden und den Reiseleiter einige Anregungen für die Vorbereitung, Durchführung und Nachbereitung gesammelt. Diese Anregungen sollen dazu beitragen, einen angenehmen Rahmen zu schaffen, damit sich alle Beteiligten wohlfühlen. Sie sind daher individuell auf die Gruppe oder den Reisenden abzustimmen.

Eine Sammlung von Phantasiereisen findest Du im dritten Kapitel. Wir haben die 18 Beispiele nach dem Persönlichkeitsmodell von Robert Dilts geordnet. Dieses Modell beschreibt den Menschen als ein kybernetisches System mit sechs dynamisch verbundenen logischen Ebenen. Wir sind immer in Wechselwirkung mit unserer **Umwelt (1)**, es gibt uns nur innerhalb eines Kontextes. In dieser Umwelt haben wir ein Repertoire an **Verhalten (2)**, mit dem wir uns ausdrücken und handeln können. Auf der nächsthöheren Ebene sind all unsere **Fähigkeiten (3)** und Ressourcen, die uns unsere Vielfalt zu handeln ermöglichen. Unsere Fähigkeiten werden von unseren **Werten und Glaubensvorstellungen (4)** über die Welt und unsere Mitmenschen gestützt. Die Vorstellung über uns und unsere Person beschreibt die Ebene der **Identität (5)**. Auf der sechsten Ebene befindet sich der **Sinn**, die **Zugehörigkeit** oder ein Zustand von innerer **Quelle (6)**.

Auf allen Ebenen kann es Schwierigkeiten oder Probleme im Leben eines Menschen geben, und die einfachste Art, Lösungen zu finden und umzusetzen, ist, auf einer der höheren Ebenen eine Veränderung einzuleiten. Dadurch verändert sich auf allen darunterliegenden Ebenen automatisch etwas mit.

Unsere Phantasiereisen haben jeweils einen Schwerpunkt auf einer dieser Ebenen und bieten die Möglichkeit, Ressourcen auf den unterschiedlichen Ebenen zu entdecken und zu erweitern.

Auf welcher Ebene eine Phantasiereise ihren Schwerpunkt hat, kannst Du an den Kopfzeilen ablesen.

Um Dir den Umgang mit den Phantasiereisen zu erleichtern, findest Du unter der **Überschrift** eine **Zeichnung**, die einen wesentlichen Aspekt der Phantasiereise verdeutlicht oder eine Assoziation dazu herstellt.

Ziel: Hier findest Du eine kurze Anregung, was das Ziel dieser Reise sein kann.

Gruppengröße: Wir unterteilen in

      ☺   Gruppenreisen
      ☺☺   Reisen zu zweit
      ☺☺☺   Partner-Übungen zu dritt

Dauer: Die angegebene Zeit ist ein Erfahrungswert und nach Tempo und Temperament der Reisenden variierbar.

Musik: Hier haben wir Vorschläge gemacht, die sich in unseren Phantasiereisen bewährt haben. Musik ist natürlich eine Geschmackssache und Du kannst sie nach Deinen eigenen Vorlieben auswählen. Bei den Texten ist darauf zu achten, daß sie Deine Ziele unterstützen.

Anmerkungen: Wenn es noch wichtige Hinweise zum Inhalt, Ziel oder der Durchführung gibt, dann kannst Du sie hier finden und wenn Du magst, dann kannst Du sie auch Deinen Reisenden mitteilen.

Anleitung: Hier findest Du die wortwörtliche Aufzeichnung einer Phantasiereise, wie wir sie durchführen. Dein eigenes Tempo und Deine Pausen, Schwerpunkte und Betonung kannst Du jeweils an Deine Gruppe angleichen. Viel Spaß beim Reisen!

Im vierten Kapitel stellen wir Tips und Tricks für das Basteln einer eigenen Phantasiereise vor. Wenn Du die Phantasiereisen in diesem Buch gelesen und angewendet hast und Dein Unbewußtes schon längst weiß, wie das Prinzip funktioniert, kannst Du hier ganz bewußt die einzelnen Schritte und die Struktur nachvollziehen.

Wir wünschen Dir viel Spaß beim schöpferischem Ausprobieren und viel Erfolg bei der Entdeckungsreise durch dieses Buch.

Kapitel 1: Das Geheimnis der Sprache

Da sich Phantasiereisen an das Unbewußte richten, sind sie in einer anderen Sprache verfaßt als die, die wir täglich nutzen. Diese Unterscheidung ist sinnvoll, um die Lösung vom Rationalen, vom Alltäglichen zu bewirken. Du wirst bemerken, daß die Sätze länger sind und teilweise nicht der normalen Grammatik folgen, dem Bewußtsein teilweise sogar unlogisch vorkommen. Es kommt jedoch nicht auf das rationale Verstehen, sondern auf das Berührtsein und Erfaßtsein an. Mit der Wahl der Sprache öffnen wir dem Unbewußten die Möglichkeiten, frei zu wählen, selbst zu assoziieren und eigene Vorstellungen zu entwickeln. Wir machen Vorschläge, und Dein Unbewußtes kann wählen.

Mit Sprache zaubern – das Milton-Modell

Wir nutzen für Phantasiereisen das prozeßorientierte Sprachmodell von Milton Erickson. Er war der bedeutendste Hypnotherapeut und ein Meister darin, Sprache und ihre Untereigenschaften zu verwenden, um leichte Trancezustände zu induzieren und so in Kontakt mit dem Unbewußten und den Ressourcen seiner Klienten zu kommen.

Leichte Trance-Zustände bedeuten in diesem Fall reduzierte Außenwahrnehmung und Focussierung auf das innere Erleben. Sprache wird so kunstvoll vage benutzt, daß die Klienten den Raum und die Möglichkeit haben, dem Gesagten eine eigene Bedeutung zu geben.

Milton Erickson entwickelte sein Sprachmodell, um mit der Sprache beim Zuhörer Phantasien, Verwirrung und Neuorientierung zu erzeugen.

Bandler und Grinder, die Begründer des Neurolinguistischen Programmierens (NLP), haben uns ein Set an Möglichkeiten zur Verfügung gestellt, die sie unmittelbar aus ihrer Arbeit mit Milton Erickson entwickelt haben. Dieses Set bietet Dir die Möglichkeit, diese besondere Fähigkeit, mit Sprache zu zaubern, zu erlernen und sie in Deine Phantasiereisen einfließen zu lassen.

Tilgung: Informationen weglassen

Der Reisebegleiter läßt kunstvoll vage einige Informationen gezielt weg (z.B.: Wer genau?, was genau?, wie genau?, im Vergleich wozu? wird nicht mitgeteilt). Der Reisende hat die Möglichkeit, das Gesagte durch seine eigenen Erfahrungen und wichtige innere Daten zu vervollständigen.

1. Nominalisierungen
Hier werden Prozeßwörter (Verben) in Hauptwörter verwandelt, und damit bleibt die genaue Beschreibung der Tätigkeit ungesagt.
Zum Beispiel: eine große *Fähigkeit;* welche *Lösung;* eine tiefe *Entspannung; Ruhe* und *Frieden*; eine intensive *Verbindung*

2. unbestimmte Verben
Sie lassen die beschriebene Erfahrung im Unklaren:
Zum Beispiel: *wahrnehmen; loslassen; erlauben; vergegenwärtigen; interessieren*

3. unbestimmtes Subjekt, unbestimmter Bezug
Es wird nicht gesagt, wer oder was genau gemeint ist oder in bezug auf was die Aussage richtig ist.
Zum Beispiel: *man* kann neugierig sein; es ist leicht zu lernen; laß Dich überraschen; vielleicht bist Du schon gespannt

4. Vergleiche
Es bleibt unbenannt, welches der Vergleichswert ist.
Zum Beispiel: Du kannst Dich noch *entspannter* fühlen; es ist *angenehmer*, gleich in Trance zu gehen; *weicher* werden; *tiefer* sinken; *mehr* und *mehr*

Generalisierung: Informationen verallgemeinern

Der Reisebegleiter verallgemeinert eine einmal gemachte Erfahrung oder eine bestehende Realität und hebt Einschränkungen auf. Der Reisende kann das Gefühl von Vielfalt, Freiheit und Fülle erfahren und selbst entscheiden, ob die Verallgemeinerung für ihn zutreffend ist, oder nicht.

1. Verallgemeinerungen
Es wird eine generelle Aussage aus einer Erfahrung abgeleitet.
Zum Beispiel: *Jeder* Gedanke ...; *alles* was Du hörst, kann Dich unterstützen ...; *immer* wenn Dir ein Gedanke kommt, kannst Du Dich erinnern ...; in *jeder* Situation kannst Du entscheiden ...

2. Möglichkeiten
Es wird die Möglichkeit geschaffen, sich selbst zu entscheiden.
Zum Beispiel: Du *darfst* entscheiden; Du *kannst* Dir erlauben; Du *kannst* loslassen.

Verzerrung: Informationen umgestalten

Der Reisebegleiter schafft Verknüpfungen zwischen der erlebten Wirklichkeit und wünschenswerten Zuständen, schafft mit Hilfe von Vorannahmen Gewißheiten und durch Zitate die Möglichkeit, in direkter Rede Zugang zum Unbewußten zu erlangen. Der Reisende kann sich so mit Vertrauen und Sicherheit in gewünschte Zustände führen lassen.

1. Ursache – Wirkung
Verknüpfungen schaffen zwischen einer Realität und einem wünschenswerten Zustand.
Bindewörter: Du kannst Deine Beine spüren *und* dabei wahrnehmen, wie Du hier aufmerksam dabeisein kannst. *Wenn* du meine Stimme hörst, *dann* kannst Du Dich entspannen. *Je* länger Du mir zuhörst, *desto* wacher kannst Du mir folgen. *Indem* Du Deinen Körper spürst, kannst Du ganz bewußt loslassen. *Während* Du auf dem Boden liegst, kann Dein Körper das von ganz allein tun. Die Regelmäßigkeit Deiner Atmung *bewirkt, daß* Du Dich wohlfühlst. Das sanfte Licht *hilft Dir,* ganz zu Dir zu kommen. All dies wahrzunehmen, *ermöglicht es Dir,* alles leicht zu verstehen. Wenn Du die Worte erkennst, *bedeutet dies,* daß Dir auch der große Zusammenhang klarwerden kann.

2. Vorannahmen

In der Aussage ist eine weitere Aussage beinhaltet.

Zum Beispiel: Welche Seite wird *zuerst* loslassen? – (In jedem Fall wirst Du loslassen.)
Du kannst *weiterhin* zuhören. – (Du hast bereits zugehört.)
Du kannst erstmal tief Luft holen, *bevor* Du Dir die Frage beantwortest. – (Du wirst diese Frage beantworten.)

3. Zitate

Botschaften können dem Zuhörer direkt vermittelt werden, indem sie als Zitate in die wörtliche Rede eines anderen verpackt werden.

Zum Beispiel: Mein Freund John sagt immer: *„Auch Dir kann das Milton-Modell Spaß machen"*, er ist allerdings Linguist.

Oder: Neulich sprach mich ein Mann einfach auf der Straße an und sagte: *„Du bist eine faszinierende Frau"*, wirklich ein Frecher, nicht?

Spezialitäten: Besondere Finessen von Milton Erickson

Der Reisebegleiter kann durch Doppeldeutigkeiten und eingebettete Fragen Verwirrung schaffen, die Aufmerksamkeit fokussieren und mit Metaphern Neuorientierung anbieten.

Der Reisende kann durch die Verwirrung festgefahrene Bahnen und alte Muster verlassen und Platz für neue Möglichkeiten schaffen und entscheiden, ob er das Angebot zur Neuorientierung nutzen möchte.

1. Doppeldeutigkeiten

Das Ende einer Aussage ist zugleich der Beginn einer anderen Aussage.

Zum Beispiel: Du hörst meine Stimme *immer tiefer* kannst Du loslassen.

2. Eingebettete Fragen

Die Frage ist eigentlich nicht gestellt; erwartet jedoch eine Beantwortung.

Zum Beispiel: Ich weiß nicht, *ob Du schon weißt, wie Du es machst.*
Oder: Ich bin mal gespannt, *wann Du Dich entscheidest.*

3. Analog markieren

In der Phantasiereise kann man analog markieren, indem man seine gewünschte Mitteilung mit einer veränderten Stimme (Lautstärke, Stimmhöhe oder Tiefe, Geschwindigkeit, Richtung) hervorhebt.

Zum Beispiel: Das *Milton-Modell* zu erlernen hat einige Zeit erfordert und *ist* gar nicht so *leicht* wie andere NLP-Techniken.

4. Metaphern

Zuweisung von Eigenschaften; Parallelen, Bilder und Geschichten.

Zum Beispiel: *ein schwangerer Mann; ein Fels, der weint; die Sonne, die eine Reise macht.*

Eine Spezialität des Milton-Modells ist bei der Formulierung von Phantasiereisen besonders zu beachten:

Nicht-Formulierungen und positiv formulieren

Die Sätze: „Jetzt nicht mehr stehen, bitte nicht mehr bewegen, die Augen nicht öffnen und Streß vermeiden" und: „Leg Dich hin, komm zur Ruhe, schließe die Augen und entspanne Dich" haben vielleicht eine ähnliche Zielsetzung, jedoch eine vollständig andere Wirkung auf denjenigen, dem es vorgetragen wird.

Die Worte „nicht", „kein", „nie" haben für das Unbewußte keine Bedeutung. Es versucht, sich die angesprochenen Inhalte bildlich vorzustellen und kreiert dadurch genau den unerwünschten Zustand. Es ist also wichtig, darauf zu achten, genau das zu formulieren, was erreicht werden soll oder Formulierungen mit „nicht" zu nutzen, um einen gewünschten Zustand zu induzieren, z.B.: „Du mußt Dich nicht gleich entspannen."

Die Wirkung von positiven Formulierungen beruht darauf, daß das Unbewußte sich das Erwünschte intensiv vorstellt und Mittel und Wege findet, es zu verwirklichen.

Das Milton-Modell bildet die sprachliche Grundlage unserer Phantasiereisen. Es ist leicht zu lernen, jedoch muß man es, wie alle neuen Fähigkeiten, auch üben. Hierzu einige Übungsvorschläge, die es Dir erleichtern werden, innerhalb kürzester Zeit diese vage Ungenauigkeit in Deinen eigenen Phantasiereisen anzuwenden.

Übung macht den Meister

1. Untersuche und markiere mit unterschiedlichen Farben die Phantasiereisen in diesem Buch auf die angewandten Milton-Elemente.

2. Achte in Alltagsgesprächen darauf, wie oft jemand mit einer Frage den anderen nach innen schickt oder mit einer Nicht-Formulierung eine Aufforderung ausspricht.

3. Nimm Dir vor, täglich ein Element zu üben und es in Deine Alltagsgespräche mit einfließen zu lassen, d.h. an einem Tag z.B. Zitate und direkte Rede bewußt wahrnehmen und gezielt anwenden.

4. Induziere bei Freunden verschiedene innere Zustände: Freude, Neugierde, Langeweile, Aufmerksamkeit, Konzentration, Motivation, Entspannung, Lachen und Spaß.

5. Baue die einzelnen Milton-Elemente in eine Dir vertraute Geschichte ein oder schreibe ein Märchen.

Die Wortwahl – sinnlich sprechen

Die Wortwahl gibt uns die Möglichkeit, alle Sinne beim Reisenden anzusprechen. Er kann sich innerlich Bilder vorstellen, Stimmen oder Geräusche hören oder im Körper Gefühle wahrnehmen, Gerüche oder Geschmack wiederentdecken, je nachdem, welche Worte wir benutzen.

Hierzu einige Beispiele:

sehen	**hören**	**spüren**
schauen	lauschen	fühlen
ein Bild machen	stimmig finden	berührt sein
Formen	Klänge	begreifen
vorsichtig	Töne	handeln
hell	laut	weich
leuchten	Stimmung	warm
Farben	harmonisieren	fest
klar	Melodie	strömen
betrachten	klangvoll	geborgen
Überblick	einstimmen	Eindruck
ansehen	stimmt	Gespür haben
erhellen	anklingen	Empfinden
Durchblick	sagen	Ausdruck
Aussicht	lauschig	spannend
offensichtlich	Stille	eingebettet sein
Licht	singen	sanft
Einsehen	Naturgeräusche	zart
sonnenklar	lachen	fließen
Ausblick	innere Stimme	pulsieren

riechen/schmecken
duften
Geschmack
süß
duftend
Aroma
Geruch
Frische

In jeder Phantasiereise sollten alle Sinne angesprochen werden, um eine vollständige Erfahrung zu erschaffen. Je vollständiger alle Sinne belebt werden, desto intensiver werden die Reiseerlebnisse.

Übung macht den Meister

1. Markiere in diesem Buch mit unterschiedlichen Farben die Worte der unterschiedlichen Sinneskanäle.

2. Achte in Alltagsgesprächen auf die Verwendung sinnesspezifischer Worte.

3. Nimm Dir vor, täglich einen Sinneskanal zu verfeinern, indem Du Worte für jeden Sinneskanal sammelst und benutzt.

4. Schreibe ein Ereignis oder eine Erfahrung in überwiegend einem Sinneskanal auf, z.B. in Worten, die sich auf *sehen* beziehen. Übersetze diese Geschichte in einen anderen Sinneskanal, z.B. in Worte, die sich auf *hören* beziehen.

5. Beschreibe einen entspannten Zustand mit allen sinnlichen Erfahrungen.

Die Stimme – mit Klang berühren

Es ist wichtig zu wissen, daß ein Großteil der entspannenden, die Phantasie beflügelnden Wirkung durch die Untereigenschaften der Stimme hervorgerufen wird, d.h. durch die Tonalität, durch den Sprechrhythmus, die Geschwindigkeit, die Lautstärke, die Modulation, Höhen und Tiefen. Am leichtesten lassen sich die geeigneten Untereigenschaften herstellen, indem der Reisebegleiter den Zustand in sich herstellt, den er hervorrufen möchte.

Wenn Du einen Zustand von Entspannung und Gelöst-sein bei anderen erwecken möchtest, ist es günstig, Dich mit allen Sinnen wieder an diesen Zustand zu erinnern. Dann werden ganz automatisch die Untereigenschaften Deiner Stimme diesen Zustand bei Dir unterstützen und bei den anderen herstellen. Wenn wir diese Phantasiereisen jemanden schnell und laut ins Ohr brüllen, werden sie bei der Person eine andere Reaktion hervorrufen, als wenn wir die Reise mit einer tiefen, langsamen und ruhigen Stimme begleiten.

Allgemein gilt, daß eine tiefe, ruhige, langsame und melodische Sprechweise eine beruhigende und entspannende Wirkung hat.

Übung macht den Meister

1. Spiele mit Deiner Stimme in Alltagsgesprächen, um herauszufinden, welches Spectrum Du hast und was Du bewirken kannst.

2. Ließ eine der Phantasiereisen in diesem Buch laut vor und achte auf die Wirkung bei Dir selbst.

3. Mach eine Tonband-Aufnahme von einer gesprochenen Phantasiereise und teste unterschiedliche Lautstärken und Geschwindigkeiten.

4. Variiere auf der Tonband-Aufnahme die Höhe und Tiefe und die Melodie Deiner Stimme.

5. Führe jemanden mit Deiner Stimme in einen entspannten Zustand und laß Dir eine genaue Rückmeldung geben, was angenehm war und was Du noch verbessern kannst.

Kapitel 2: Durchführung

Reisevorbereitung – Vorfreude

Der Reisebegleiter

Wenn Du eine Reise als Reisebegleiter durchführen möchtest, hast Du Deine Phantasiereise bereits sorgfältig vorbereitet oder eine passende aus diesem Buch ausgewählt. Du kannst dann Deine Reisenden auf das Ziel einstimmen und für eine ruhige ungestörte Atmosphäre sorgen, d.h. Klingel und Telefon abstellen.

Der Raum ist gelüftet und warm, die Musik und die Technik sind vorbereitet (d.h. die Lautstärke der Musik ist auf Deine Stimme abgestimmt), und das Licht ist gedämpft. Du bist ruhig und neugierig und machst es Dir so bequem, daß Du die Reisenden gut beobachten kannst.

Falls Du Material für die Nachbereitung brauchst (z.B. Papier oder Buntstifte), solltest Du dieses Material bereits vorbereitet haben.

Manchmal empfiehlt es sich, vor einer Phantasiereise Bewegungen miteinzubeziehen, z.B. zu tanzen, um die Entspannung noch wirkungsvoller, effektiver zu machen, um dann noch mehr loszulassen. Du kannst auch Qi-Gong-Übungen oder Yoga-Übungen machen, damit die Muskeln entspannt sind, der Kreislauf stabil und der Körper gut durchblutet.

Die Reisenden

Bevor Du auf Deine Reise gehst, kannst Du Dir Deine Decke weich und gemütlich an einen Platz legen, wo Du genügend Bewegungsfreiheit für Dich hast, um Dich wohlzufühlen. Triff alle Vorbereitungen, die für Dich wichtig sind, damit Du Dich für die nächste halbe Stunde auf die Phantasie einlassen kannst (z.B. Blase entleeren, warm und bequem anziehen, Wasser trinken). Manchmal ist es unterstützend, sich vorher zu lockern oder zu bewegen (Yoga, Tanzen).

Die Reise – Entdeckungstour zu Dir

Der Reisebegleiter

Nimm einen entspannten und phantasievollen Zustand ein, indem Du Dich erinnerst, wann Du das letzte Mal wirklich kreativ und entspannt warst.

Warte ab, bis Ruhe eingekehrt ist und beginne dann mit der Entspannungs-Phase. Du solltest langsam lesen oder frei sprechen und genug Zeit lassen, um die Phantasie zu entwickeln, die Bilder entstehen zu lassen und die eigenen Tonfilme zu Deinen Worten als Assoziationen kommen zu lassen. Nimm den Kontakt zu der Gruppe auf, indem Du auf Deine Art wahrnimmst, wie schnell das Tempo sein sollte und wie Du mit Deiner Stimme so führen kannst, daß es für die Gruppe stimmt oder für denjenigen, den Du führst.

Störungen kannst Du in der Reise ansprechen und eventuell nutzen, um Deine Ziele zu erreichen, z.B. Geräusche, die von außen kommen, mit den Worten: „Und alles, was Du jetzt hörst, kann Dich darin unterstützen, ganz zu Dir zu kommen."

Immer wieder Pausen einlegen, in denen die Reisenden die eigene Bilderwelt entfalten können und sich der eigenen schöpferischen Kraft hingeben.

Beim Hineinbegleiten und bei der Rückreise mit der Modulation Deiner Stimme den Prozeß begleiten. Hinein langsamer und tiefer werden – hinaus schneller und lauter.

Die Reisenden

Du hast als Reisender die Wahl, wieweit Du Dich einlassen möchtest. Denn Du kannst entscheiden, worauf Du Deine Aufmerksamkeit richtest. Du kannst Dich von den Worten anregen und von der Musik mitnehmen lassen oder Deinen eigenen Gedanken nachhängen – ganz wie Du entscheidest.

Die klassische Yoga-Entspannungsposition ist auf dem Rücken liegend, Arme und Beine unverschränkt, d.h. jeweils ein kleines bißchen von einander entfernt, die Arme neben dem Körper, die Handflächen zeigen zum Himmel, die Beine, die Füße etwas auseinander. Wichtig ist jedoch, daß Du es für Dich bequem hast, wenn notwendig, auch in einer anderen Position. Gehe liebevoll und behutsam mit Deinem Köper um. Du kannst jederzeit die Reise unterbrechen, da Dein Wachbewußtsein selbstverständlich da ist, indem Du Deine Augen wieder öffnest, Dich umschaust und Dich berührst.

Reisenachbereitung – Erlebnisse ordnen

Der Reisebegleiter

Achte darauf, daß alle vollständig zurückkommen und wach und mit der Aufmerksamkeit außen sind. Überprüfe, ob es allen Reisenden gut geht oder ob noch jemand etwas braucht, um die Reise vollständig abzuschließen.

Sorge dafür, daß die Möglichkeit gegeben ist, die Erlebnisse in einem entspannten und zugewandten Rahmen auszutauschen.

Es hat sich bewährt, die Reisenden malen, schreiben oder tanzen zu lassen, um die Reiseerlebnisse in den Alltag hinüberzuleiten.

Die Reisenden

Nimm Dir genügend Zeit, um Deine Erlebnisse zu verarbeiten, und nutze Methoden, die es Dir erleichtern, die Vielfalt zu ordnen und in Deinen Alltag zu übermitteln. Achte darauf, welche Bedürfnisse Du hast, nimm sie ernst und sorge für Dich.

Kapitel 3: Phantasiereisen

Neue Möglichkeiten finden

Ziel:
Neue Verhaltensweisen finden
und Persönlichkeitsteile in Balance
bringen

Gruppengröße: ☺

Dauer:
15 Min.

Musik:
Oliver Serano:
Minho valley fantasies

Anmerkung:
Dieses Reframing ist auch geeignet
bei immer wieder auftretenden
Symptomen, um die Selbstheilungskräfte anzuregen.

Anleitung:
Mach es Dir wieder ganz bequem, so daß Du Dich wohlfühst – daß Du zur Ruhe
kommen kannst und Deine Aufmerksamkeit nach Innen richten kannst. Nimm
wahr, an welchen Stellen Du überall den Boden berührst, wie Dein Atemrythmus
ist – wie Deine Beine aufliegen und Deine Arme. Und wie es dazu führt, daß Du
es Dir bequem machen kannst – loslassen kannst und all das abgeben kannst an
die Erde, was Du jetzt noch abgeben möchtest – um in Deinem Tempo Deine
Aufmerksamkeit von Außen nach Innen zu richten. Und Du kannst all das, was
Du jetzt hörst – meine Stimme – die Musik – dazu nutzen, die Aufmerksamkeit
nach Innen zu vertiefen ...

Während sich Dein Körper immer weiter entspannen kann, achte auf Deine
Körperempfindungen und mache in Deinem Körper den Punkt aus, der schon mehr
und mehr zur Ruhe kommt. Und wenn Du diesen Punkt ausgemacht hast, laß diese
Ruhe, diese tiefe Entspannung von diesem Punkt in Deinem gesamten Körper sich
ausbreiten – mit all dem, was dazugehört – an Wärme – an Schwingungen – mit

dem Gefühl, ganz bei Dir zu sein, so daß nach kurzer Zeit Dein gesamter Körper von diesem wohligen, entspannten Gefühl ausgefüllt ist und loslassen kann. ...

Und Du hast jetzt Zeit für Dich, Dich auf eine Reise zu begeben – eine Reise zum Land der Ressourcen – einem Land, wo Du Dir das holen kannst an Unterstützung, was Du brauchst. ...

Und zu Beginn dieser Reise erinner' Dich an eine Verhaltensweise, die Dich stört, die immer wieder vorkommt und die Du schon kennst. Und wenn Du diese Verhaltensweise in Erinnerung gerufen hast, dann frage nach Innen – in Dich hinein –, welcher Teil sich für diese Verhaltensweise verantwortlich fühlt. Nimm Kontakt auf zu diesem Teil. Und indem Du die Frage stellst, mach Deine Sinne wach und achte auf alle Reaktionen, die kommen. Es könnte eine Antwort sein. Und wenn Du Kontakt zu diesem Teil aufgenommen hast, dann gib mir ein Zeichen, indem Du einen Finger kurz bewegst. (Zeichen abwarten) ...

Gut. Dann bedank Dich dafür und frage diesen Teil, was die positive Absicht des Verhaltens ist, was er mit seiner Verhaltensweise bezweckt und was er eigentlich erreichen möchte, was sein eigentliches Ziel, seine eigentliche Absicht ist. Und laß Dich überraschen, welche Antworten Du bekommst. (Ca. 30 Sekunden Pause) ...

Und es können ganz eindeutige oder auch unterschiedliche Antworten kommen. Nimm sie einfach nur wahr und bedank Dich dafür, daß er Dir seine Absicht mitgeteilt hat, bedank Dich und versicher' ihm, daß all das, was jetzt passiert, dazu beiträgt, neue Möglichkeiten zu schaffen – daß er diese alte Verhaltensweise auch weiterhin zur Verfügung hat und daß es nicht darum geht, alte Sachen wegzunehmen, sondern neue Möglichkeiten hinzuzufügen. Und dann frag den Teil, ob er Lust hat und bereit ist, sich auf eine Reise zu begeben, um neue Erfahrungen zu machen, neue Möglichkeiten kennenzulernen und um vielleicht dabei das eine oder andere zu lernen. Und laß Dir eine Antwort geben. Und wenn er Lust hat, gib mir wieder ein kurzes Zeichen. (Zeichen abwarten) ...

Gut, dann lade diesen Teil ein, eine Reise zu machen – eine Reise in das Land der Ressourcen. Und laß Dich überraschen, wie Du in dieses Land der Ressourcen kommst, in ein Land, in dem alles da ist. Ein Land, wo alles möglich ist, wo alle Ressourcen bereits da sind. Einem Land, in dem alle unterstützenden Fähigkeiten und Verhaltensweisen vorhanden sind und auf neue Aufgaben warten. Wo alle Ressourcen da sind, um Dich zu unterstützen und Dir positiv zu helfen. Vielleicht bist Du schon neugierig, wie es in Deinem Land der Ressourcen aussieht und wie sich die Fähigkeiten und neuen Verhaltensweisen Dir zeigen – auf welche Art und Weise sie sich Dir präsentieren.

Und dann laß den Teil, der für das Verhalten verantwortlich ist, durch dieses Land reisen. Gib diesem Teil die Freiheit, seinen eigenen Weg zu finden, laß ihm die Möglichkeit, in die eine oder andere Richtung zu gehen, je nach dem, welche Verhaltensweisen, welche Möglichkeiten und Fähigkeiten ihn besonders locken. Er kann sich in die Richtung bewegen, wo er besonders attraktive Möglichkeiten und unterstützende Ressourcen findet, um die positive Absicht vielleicht auf andere Art und Weise zu erfüllen, als wie er es bisher gemacht hat. ...

Und dann laß ihm einfach den Spaß des Reisens und der Erfahrung – Kontakt aufzunehmen mit den Möglichkeiten, die er besonders attraktiv findet – auf die er Lust hätte, sie in Zukunft auszuprobieren. Und dann laß Dich überraschen, wie dieser Teil Kontakt mit den Möglichkeiten, mit den Ressourcen aufnimmt, die Lust haben und neugierig darauf sind, die positive Absicht zu erfüllen. Laß Dich überraschen, wie diese Möglichkeiten und Ressourcen mit in den Erfahrungsschatz des Teils gelangen und aufgenommen werden.

Und dann laß den Teil mindestens drei Möglichkeiten auf der Reise finden in dem Land der Ressourcen, die mindestens genauso gut, wenn nicht noch besser sind, als die alte Verhaltensweise.

Und vielleicht bist Du überrascht, welche drei Verhaltensweisen es sein werden – das Land ist groß und weit und hat ganz unterschiedliche Regionen. Es gibt Bereiche, die sind ganz exotisch, ganz außergewöhnlich und da halten sich dann auch ganz außerordentliche Ressourcen, neue Möglichkeiten und Verhaltensweisen zur Verfügung. Und wenn der Teil merkt, in dieser Richtung gibt es nicht so viele, dann laß ihn weitersuchen, dieses Land ist so groß und weit und bietet so vielfältige Möglichkeiten, daß für jeden etwas dabei ist. Und wenn Du drei, mindestens drei Möglichkeiten hast, gib mir ein Zeichen. (Zeichen abwarten) ...

Und wenn Du die drei Möglichkeiten gefunden hast in dem Land der Ressourcen, dann bedank Dich bei diesem Teil, daß er mit Dir diese Reise gemacht hat, mit dem Wissen, daß Du jederzeit dorthin wieder hinkehren kannst – jederzeit auf all die Möglichkeiten, die dieses Land bietet, zurückgreifen kannst –, das ist etwas, was Dir immer zur Verfügung steht und immer für Dich da ist.

Und dann tritt den Rückweg an – mit dem Teil – an die Stelle, wo sein Platz ist, mit den neuen Erfahrungen und mit den neuen Möglichkeiten. Frage Deinen Teil jetzt, ob er Lust hat, diese drei neuen Möglichkeiten in der Zukunft auszuprobieren. Ob er Lust hat, das, was er kennengelernt hat auf der Reise – was er an Ressourcen und an Möglichkeiten eingesammelt hat –, in naher Zukunft auszuprobieren. Und wenn er dazu bereit ist, gib mir wieder ein Zeichen. (Zeichen abwarten) ...

Gut. Dann bedank Dich dafür und gib dem Teil jetzt die Möglichkeit, allen anderen Teilen, die existieren, davon zu berichten, daß es ein Land der Ressourcen gibt. Und laß es sich wie ein Lauffeuer in Deinem Körper ausbreiten – daß ein Teil es dem anderen weitererzählt –, daß es ein Land der Ressourcen gibt. Ein Land, in dem jeder Teil sich das holen kann, was er braucht, wo er neue Erfahrungen machen kann und sich all das holen kann – an Unterstützung und Ressourcen –, um zum Wohl des Ganzen beizutragen. Und dann frag noch einmal, ob auch alle anderen Teile damit einverstanden sind, daß diese neuen Möglichkeiten ausprobiert werden. (Antwort abwarten) ...

Gut, dann verabschiede Dich bei all Deinen Teilen, bedank Dich für die Zusammenarbeit. Und verabschiede Dich auch von Deinem Land der Ressourcen, um mit Deiner Aufmerksamkeit wieder in diesen Raum zu kommen, indem Du anfangen kannst zu spüren, wie Du die Erde berührst – zu hören, wie die Musik klingt – meine Stimme. Laß Dich überraschen, was Dich jetzt unterstützt, wieder hierher zu kommen, ob es eine Bewegung ist oder indem Du einmal tief Luft holst und wieder ausatmest – und mit jedem Einatmen die Energie größer werden läßt – wacher wirst – Dich reckst und streckst – die Gesichtsmuskulatur vielleicht ein bißchen bewegst – gähnst – in Deinem Tempo wieder hierher zurückkommen mit Deiner ganzen Aufmerksamkeit – frisch und vielleicht schon neugierig, wann und wie Du die neuen Möglichkeiten in Zukunft ganz selbstverständich ausprobieren wirst.

Gemeinsam schwingen

Ziel:
Resonanz herstellen, Rahmen für gute Zusammenarbeit, Kontakt und Entspannung

Gruppengröße: ☺☺☺

Dauer:
30 Min.

Musik:
Patrick Ball: Keltische Harfe

Anmerkung:
Diese Übung kann im Sitzen oder Stehen gemacht werden; achtet darauf, daß Ihr es alle bequem habt.

Anleitung:
Einigt Euch, wer zuerst beschenkt wird. Wenn Du jetzt berührt wirst, setze Dich bequem hin, so daß Du Dich gleich verwöhnen lassen kannst. Für die, die jetzt unterstützen: Setzt Euch so hin, daß Ihr leicht und bequem an den Rücken kommt. ...

Liebevoll beschenken heißt auch, darauf zu achten, daß es für denjenigen, für den es sein soll, angenehm ist und eine Ressource darstellt.

Gemeinsam den Rücken beschenken bedeutet in Resonanz gehen – daß Ihr miteinander in Schwingung kommt – miteinander in Rapport geht und Euch nonverbal einigt, wer führt und wer geführt wird. Laßt Euch überraschen, wie Ihr gemeinsam zu einer Welle werdet und eine unterstützende Berührung findet. Laßt Euch überraschen, welche Berührungen und Bewegungen jetzt entstehen.

Vielleicht kann Dich die Frage leiten: „Was könnte für den anderen jetzt eine Unterstützung sein?" Und dann nutze den Kontakt und die Berührung, um durch Deine Hände die Antwort entstehen zu lassen. Wie selbstverständlich gemeinsam schwingen – in Resonanz sein – eine Berührung finden – mit all Deinen Sinnen dabei sein.

Was hast Du für Möglichkeiten herauszufinden, was dem anderen angenehm ist? Wieviel Deiner Aufmerksamkeit kannst Du jetzt der anderen Person schenken? Und während Du Antworten zu diesen Fragen kommen lassen kannst, sei mit Deinen Sinnen ganz bei demjenigen, den Du jetzt berührst. Finde heraus, welchen Weg Deine Hände gehen wollen. Vertraue Dich der Weisheit Deiner Hände an. Welche Qualitäten an Berührungen entstehen und welche Möglichkeiten hast Du jetzt, um zu verwöhnen? Bis wohin gehen Deine Berührungen? Was gehört für Dich jetzt dazu? Gemeinsam – miteinander in Schwingung sein – einen Rhythmus finden und Deine Hände einen Weg finden lassen.

Und wenn Du jetzt beschenkt wirst: „Achte auf das, was Du jetzt wahrnimmst und was Dich in Deiner Entspannung unterstützt." Und wenn Du merkst, daß es für Dich nicht angenehm ist, dann mußt Du nicht durchhalten, sondern kannst Rückmeldung geben. ...

Und dann finde einen Platz, wo Du einen Moment Deine Hände ruhen lassen kannst, einen Platz auf dem Rücken, wo Du einen Augenblick zur Ruhe kommst – Kontakt aufnehmen – spüren, wie Du mit Deiner Aufmerksamkeit und der Berührung die Verbindung herstellen kannst. Während Du diese Verbundenheit weiter intensivieren kannst, stell Dir vor, daß Du die andere Person jetzt unterstützen kannst – mit einer Qualität, einer Farbe, einem Symbol oder was Dir jetzt einfällt, ob es ein Licht ist oder Aufmerksamkeit, Zeit oder Ruhe. Und dann stell Dir vor, wie dieses Geschenk durch Deine Handflächen fließt – und den anderen erreicht. – Und wenn Du beschenkt wirst, dann einfach nur wahrnehmen, wieviel Du jetzt annehmen kannst und was Dich jetzt erreicht.

Und dann verabschiede Dich bei demjenigen, den Du beschenkt hast, in dem Gedanken, daß jemand da war, den Du beschenken durftest, daß Du nicht sitzen bleiben mußt auf Deinen Fähigkeiten, sondern daß andere da sind, die Deine Geschenke gerne annehmen. Bedankt Euch dafür innerlich und verabschiedet Euch. ...

Und dann lockt denjenigen wieder ganz hierher, indem Ihr ihn einladet, daß Ihr jetzt wechselt, so daß ein anderer aus Eurer Gruppe beschenkt wird und daß er es auch kennenlernt, wie schön es sein kann, etwas zu verschenken. Einigt Euch darauf, wer als nächstes beschenkt werden möchte, und wechselt die Positionen. ...

Es heißt wieder neugierig sein – ein neuer Partner, mit dem Ihr vielleicht einen ganz neuen Rhythmus entdecken werdet, und ein ganz neuer Rücken, an dem Ihr vielleicht ganz andere Berührungen entdecken werdet, zu dem Ihr auch eine ganz andere Beziehung aufnehmen könnt. Und dann einigt Euch nonverbal, wie Ihr beginnt – und achtet darauf, daß Ihr alle bequem dasitzt und es Euch gut geht, denn wenn es Euch gut geht, fällt es leichter zu schenken.

Und dann nehmt den Kontakt auf. Und laßt Euch überraschen, welche Berührungen Eure Hände jetzt finden. Ob es eher sanfte Berührungen sind oder ein bißchen fester. Wie Ihr gemeinsam eine Bewegung finden könnt, in Resonanz kommen und schwingen könnt, so daß es ein Geschenk ist für denjenigen, für den Ihr das jetzt gerade tut. Und vielleicht wollt Ihr auch etwas Neues ausprobieren. Vielleicht fällt Euch etwas Lustiges ein – miteinander spielen –, und es sollte trotzdem ein Geschenk für denjenigen sein, für den Ihr das gerade macht.

Und nimm wahr, bis wohin der Rücken reicht, bis wohin diese Berührung für denjenigen angenehm ist. Das kann bis in den Nacken sein, vielleicht sogar ein bißchen den Hinterkopf mit einbeziehen – finde heraus, was angenehm ist – vertraue den eigenen Händen, daß sie das Richtige finden werden.

Und wenn Du beschenkt wirst, kannst Du wahrnehmen, wieviel Du davon für Dich jetzt annehmen kannst. Du kannst die Berührungen als Unterstützung annehmen, alles in Deinem Rücken zu lockern und zu lösen, mit dem Wissen, daß Dich jede Berührung darin unterstützen kann, Dich mehr und mehr zu entspannen und den Zustand in Dir herzustellen, den Du jetzt gerne erleben möchtest – intensiver und so angenehm – wie es für Dich stimmt.

Wenn Du jetzt unterstützen darfst, dann achte darauf, daß Du es wirklich bequem hast, denn Du wirst bemerken, daß es leichter fällt zu schenken, wenn es Dir gut geht. Nimm wahr, was Du tun kannst, um in Resonanz zu kommen, probiere aus, wie Du in Kontakt bleiben kannst und dann vielleicht auch mal die Seite wechseln. Und teste mal, wie Du Dich auf die andere Seite neu einstellen kannst – neu wieder in Schwingung kommen kannst – wie eine Welle. Finde heraus, wie es ist, wenn es Euch allen Spaß macht.

Finde jetzt wie von allein einen Platz, wo Deine Hände einen Moment ruhen können, wo Du sie einen Moment liegen lassen kannst – vielleicht genau an einer Stelle, wo Du spürst, daß der andere die Berührung gut gebrauchen kann und wo es eine wirkliche Unterstützung ist. Einen Augenblick ruhen und gemeinsam schwingen – spüren, wie Du den Kontakt intensivieren kannst – über Deine Handflächen – durch die Berührung. Was fällt Dir jetzt ein, was Du demjenigen schenken möchtest, vielleicht ein Licht oder eine Farbe oder einen ganz bestimmten Zustand. Stell Dir vor, daß diese Qualität über Deine Arme in Deine Handflächen fließt. Und wenn Du berührt wirst, nimm wahr, was Du davon jetzt spüren oder sehen und annehmen kannst. ...

Und dann schließt es wieder auf Eure Art ab – verabschiedet Euch – und bedankt Euch innerlich dafür, daß jemand da ist, daß andere Menschen da sind, die Du beschenken kannst oder von denen Du Dich beschenken lassen kannst. Daß Du mit all dem Schönen, mit all Deinen Fähigkeiten, mit allem, was Du kannst, nicht allein bist, sondern andere da sind, die sich freuen und diese Gaben annehmen. Und dann holt die Person wieder hierher zurück, lockt sie und ladet sie ein, daß sie Lust hat, noch einmal zu schenken. ...

Und auch für die nächste Person, die beschenkt wird: Stimmt Euch wieder gemeinsam ein – vielleicht, indem Ihr Eure Hände aneinander reibt –, und nähert Euch dann auf Eure Art dem Rücken. Spürt in Eure Hände, wie Ihr jetzt wieder in Kontakt seid. Einigt Euch darauf, wer diesmal führt und beginnt damit, einen gemeinsamen Rhythmus zu finden. Spielt mit diesem Rhythmus, laßt mit Euren Händen ein Lied entstehen – dabei gemeinsam schwingen –, und achtet darauf, daß es Euch gut geht, daß es demjenigen, der es geschenkt bekommt, auch gut geht.

Mit allen Sinnen bewußt wahrnehmen – berührt werden und berühren. Ihr könnt ruhig spielen – könnt Neues ausprobieren: Vielleicht sanfte streichende oder kreisende Bewegungen machen, vielleicht ein leichtes Klopfen oder eine etwas kräftigere Berührung, je nachdem, was jetzt für die Person ein Geschenk sein könnte. Manchmal wissen die Hände ganz allein, welche Bewegungen sie tun wollen. Und wenn Ihr Lust habt, könnt Ihr versuchen, die Seiten zu wechseln und trotzdem den Kontakt zum Rücken zu halten.

Und wenn Du jetzt beschenkt wirst, kannst Du weiter nachspüren und wahrneh-men, an welchen Stellen Deines Rückens Dich die Hände berühren und wie genau Du verwöhnt wirst. Kannst überprüfen, was Du von dem, was Du geschenkt bekommst, auch genießen kannst. Jede Berührung, die Du wahrnimmst, kann Dir noch einmal bewußt machen, daß Du es bist, der jetzt unterstützt wird, daß andere da sind, die sich jetzt um Dich kümmern, daß Du jetzt nichts zu tun brauchst, außer wahrzunehmen, was alles Dir dabei hilft, Dich mehr zu entspannen oder mehr von dem Zustand zu erleben, den Du haben möchtest. ...

Und dann laß zum Abschluß Deine Hände an einer Stelle ruhen, wo Du denkst, daß es demjenigen vielleicht gut tut. Und achte wieder darauf, daß Du es selber bequem hast. Und während sich dieser Kontakt weiter intensivieren kann, kannst

Du Dir innerlich die Frage stellen: „Was kann ich der anderen Person geben?" – Und laß Dich überraschen, welche Antworten Du erhältst. Es kann eine Farbe, ein Symbol, eine ganz spezielle Qualität sein oder etwas ganz anderes. Und dann überreiche das Geschenk, indem Du Dir vorstellst, daß es durch Deine Arme und Hände den anderen erreicht.

Wenn Du beschenkt wirst, dann nimm einfach wahr, was ankommt.

Dann verabschiedet Euch innerlich und auch mit den Händen von dem Rücken auf Eure Art und Weise und holt denjenigen hierher zurück – mit einer Berührung – jetzt wieder hierher zurück: vital und fit. Und vielleicht schon neugierig, wie es denn weitergehen wird. Bedankt Euch gegenseitig für die Unterstützung, die Ihr erhalten habt, und tauscht Euch über Eure Erfahrungen aus.

Das Land der Phantasie

Ziel:
Märchen und Mythen wiederbe-
leben und für persönliches Wachstum und Selbstentfaltung nutzen

Gruppengröße: ☺

Dauer:
20 Min.

Musik:
Patrick Ball: Keltische Harfe

Anmerkung:
Diese Phantasiereise ist besonders
schön vor einem Märchenspiel
oder einer Theater-Improvisation;
vor der Reise 7-10 Minuten schnell
und intensiv tanzen (Musik, Trom-
melmusik von Gueme Zaka oder
Rupesh, Laughing Drums)

Anleitung:
Nimm den Wechsel von Bewegung und Ruhe wahr und vor allen Dingen, daß Du
derjenige, diejenige bist, die oder der sich bewegt.

Mit dem Tanzen hast Du Deinen Kreislauf in Schwung gebracht, und Du kannst
jetzt daliegen und loslassen – einfach alles loslassen, was Du jetzt an den Boden
abgeben möchtest – Deinen Atem wieder frei fließen lassen – lang und tief und
noch einmal spüren, ob es so, wie Du jetzt daliegst, bequem ist oder ob Du noch
was ändern kannst – vielleicht noch einen Knopf aufmachen oder was es für Dich
ist, was Du machen kannst, damit Du es wirklich bequem hast.

Dies wird eine Reise ins Land der Phantasie sein, und Du hast die Wahl, ob Du
einfach Deiner eigenen Phantasie nachhängst – oder ob Du Dich mitnehmen läßt
von der Musik in ein Land, wo alles möglich ist – oder ob Du meiner Stimme

folgen magst und den Assoziationen, die sie bei Dir weckt. Du kannst entscheiden, jetzt und später, was Du heute für Dich machen willst und wie tief Du heute loslassen kannst – so wie es für Dich stimmt. Du hast immer die Wahl – denn was Du wahrnimmst, kann Dich darin unterstützen, noch mehr zu Dir zu kommen und ganz bei Dir zu bleiben. Du kannst für Dich entscheiden, worauf Du Deine Aufmerksamkeit richtest, und wenn Du magst, kannst Du zu Dir nach innen gehen. Spüre noch einmal durch Deinen Körper, wo Du überall aufliegst auf dem Boden und was Du jetzt noch an den Boden abgeben kannst – loslassen, mit jedem Ausatmen ein kleines bißchen tiefer in den Boden sinken lassen. Was Du jetzt loslassen möchtest, das lasse einfach los – laß es weich werden oder weit oder ein bißchen wärmer – oder ein kleines bißchen schwerer. Denn Du weißt, daß das Dein Körper für Dich ganz allein tun kann, einfach indem Du ihn das tun läßt, was er jetzt machen möchte – loslassen, diesen Zustand für Dich herstellen, wo Du zur Ruhe kommen kannst – locker und gelöst – wo Du einfach nur auf dem Boden liegen kannst und Dein Körper sich ausruhen darf. ...

Und während Dein Körper das jetzt weiter für Dich tut, kannst Du in Gedanken in eine Zeit zurückkehren, in der Du gerne Märchen gehört hast – in eine Zeit, wo Du Märchen erlebt hast – oder gehört oder gesehen – in eine Zeit, wo Du Dich gefreut hast über Deine eigene Phantasie und die phantastischen Geschichten, die Dir vielleicht jemand erzählt hat – oder vorgelesen oder gezeigt. Erinnere Dich – erinnere Dich, wann das war und was für Dich alles dazugehört – was für Dich das ganz Besondere war an dieser Zeit und welche Märchen Du besonders gern gehört hast – welches Dein Lieblingsmärchen war. – Wo bist Du? – Und mit wem bist Du? – Was gehört für Dich dazu an Farben und Formen – an Bildern und Phantasien – an Vorstellungen? Was gibt es für Töne und Geräusche – Worte und Melodien? – Welche Personen sind wichtig – welche Bewegungen und welche Berührungen? Und was ist die ganz besondere Atmosphäre in dieser Zeit der Märchen und Geschichten? Erinnere Dich. Vielleicht gibt es einen ganz bestimmten Geruch, der all das wieder wachruft, und einen ganz bestimmten Geschmack, der dazugehört – vielleicht einen ganz bestimmten Tonfall – und eine ganz bestimmte Berührung – eine ganz besondere Atmosphäre. Mach es Dir hier ganz bequem, so bequem, daß Du Deine Phantasie fliegen lassen kannst – so bequem, daß Du einfach loslassen kannst und Dich mitnehmen lassen kannst über die Schwelle ins Land der Phantasie. Laß Dich überraschen, was Dich in diesem Land der Phantasie, im Land der Märchen und Mythen erwartet. Laß Dich mitnehmen über die Schwelle ins Land der Phantasie, wo Du Deiner Phantasie Flügel wachsen lassen kannst – sie frei fliegen lassen kannst – loslassen kannst – in das Land, wo alles möglich ist – wo Du kreativ bist – wo Du spielen kannst – wo Du neugierig sein kannst, all das zu entdecken, was hier für Dich möglich ist – Phantastisches und Reales – denkbar und undenkbar – vielleicht Bekanntes oder Unbekanntes – ganz Ungewohntes oder Neues – vielleicht auch etwas Altvertrautes. Laß Dich mitnehmen, denn Du hast die Wahl, wie Du Dich hier fortbewegen möchtest, Du kannst alles ausprobieren, was Dir Spaß macht – Du kannst neugierig sein auf alles, was Du hier entdecken willst. Du kannst hier in ferne Länder reisen – oder in der Zeit vorwärts und rückwärts und seitwärts, wie Du magst. Nimm Dir Deine Zeit, hier all das zu entdecken, was Du gern entdecken möchtest – neugierig, all das kennenzulernen – vielleicht nur kurze Szenen und Segmente – vielleicht ganze Filme, Geschichten – Theaterstücke oder Erlebnisse. Laß Dich mitnehmen von Deiner Phantasie in unbekannte Länder – in neue Gebiete, wo Du vielleicht ganz unbekannte, neue Formen kennenlernst – oder vielleicht die Wesen aus Deiner Märchenzeit wiedertriffst – altbekannte, vertraute, liebgewordene Freunde – und auch die alten Widersacher – all diejenigen, mit denen Du spielen kannst und wachsen kannst – auf die Du neugierig bist oder die auf Dich neugierig sind. Laß Dich überraschen, was es hier für Gestalten gibt – für Figuren – für Formen – was für Orte hier sind – wie der Himmel hier ist und die Erde – ob es Häuser gibt oder wo die Menschen wohnen – was alles wichtig ist – interessant – aufregend – was es für Dich zu einem besonderen Ort macht – all das, ob es das Licht ist – oder die Farben – vielleicht gibt es hier Melodien oder Klänge, die ganz besonders sind – oder ein Lachen – eine ganz besondere Atmosphäre, die auf ganz eigene Art berührt. Vielleicht gibt es hier Bewegungen, die ungewöhnlich sind – neu – die leicht sind und Spaß machen – vielleicht auch ein bißchen erstaunen oder wundern. Vielleicht hat hier auch die Stille eine ganz besondere Qualität. Laß Dich mitnehmen von Deiner Lieblingsgestalt, die Dir jetzt was zeigen will, die Dir jetzt was zeigen kann, die Dir jetzt zeigt, was das Wichtige hier ist, in diesem Land. – Pause –

Laß Dich von einer Gestalt oder von einer Figur – einem Menschen – einem Tier – einem Helfer zur Bibliothek führen, wo alle Märchen und Geschichten gesammelt werden – zur Bibliothek, wo all das Wissen – diese Phantasien – diese Kreativität – diese Welt des Phantastischen dokumentiert ist. Laß Dich überraschen, auf welche Art diese Märchen hier aufgezeichnet sind – auf welche Art diese Märchen hier für die Welt zur Verfügung stehen. Vielleicht ganz neue Methoden, vielleicht aber auch ganz uralte Traditionen, wie Wissen für die Nachwelt dokumentiert werden kann, wie Wissen für die Nachwelt zur Verfügung steht. Laß Dich mitnehmen in die Bibliothek, wo all die Märchen dieser Erde, dieser Welt, dieses Universums zusammengetragen wurden – wo alle Märchen da sind. Laß Dich zu Deinem Märchen führen – auf Deine Art – zu dem Märchen, was für Dich wichtig ist im Moment, jetzt. Es ist nicht wichtig, ob Du das Märchen ganz oder vollständig kennst – oder ob Dir ganz klar ist, wie es anfängt und wie es aufhört. Laß Dich überraschen, laß Dich mitnehmen zu Deinem Märchen, das im Moment für Dich richtig ist, das jetzt für Dich stimmt, von dem Du vielleicht sogar schon vorher wußtest, daß es diesen Titel hat, daß es Dein Märchen ist – oder vielleicht auch erst jetzt klar wird, daß es heute diese Geschichte für Dich ist. Nimm wahr, auf welche Art Dein Märchen Dir zur Verfügung steht – ob es als Film ist – oder als ein Bild – als Buch oder als Schriftrolle. Vielleicht ist es ein Video – vielleicht ein Bilderbuch – vielleicht sind es einzelne Blätter – oder vielleicht etwas ganz anderes – vielleicht etwas ganz Neues, wie Du Dein Märchen jetzt findest – für Dich – mit allem, was für Dich dazugehört, mit all dem, was Du jetzt davon erinnerst – was Du jetzt davon weißt – was Du jetzt davon noch erfahren kannst, damit Du es hierher mitbringen kannst. ...

Und dann bedanke Dich auf Deine Art für die Unterstützung und für alles Neue, was Du hier kennenlernen durftest. Und verabschiede Dich, vielleicht indem Du Dich wieder verabredest, oder vielleicht indem Du Dir noch was schenken läßt oder selber etwas schenkst. Verabschiede Dich auf Deine Art und komm hierher zurück mit Deiner ganzen Aufmerksamkeit, hierher zurück. Nimm den Weg wie Du ihn für Dich gemacht hast – gelaufen oder geschwebt. Komm her zurück in diesen Raum und in Deinen Körper und finde eine Bewegung oder eine Berührung, die Dich ganz wach macht – die Dich vielleicht neugierig macht hierherzukommen – um herauszufinden, was wir jetzt damit noch Schönes machen werden, heute, mit all den schönen Verkleidungssachen, mit all den schönen Märchen. Und fang mal mit so einem Guten-Morgen-Räkeln und -Strecken an, während Du nach-spüren kannst, welches Dein Märchen ist und wie Dein Märchen heißt. ...

Dein Wissen speichern

Ziel:
Wissen besser abrufbar zu machen,
Erweiterung des Gedächtnisses und
der Merkfähigkeit

Gruppengröße: ☺

Dauer:
20 Minuten

Musik:
Mozart, Konzert für Flöte und
Harfe, Jack Brymer

Anmerkung:
Um das Resultat zu verbessern, ist
es sinnvoll, sich nach der Phantasiereise mit einem Partner auszutauschen, um die gemachten Erfahrungen zu festigen.

Anleitung:
Du kannst wieder für Dich entscheiden, auf welche Art Du heute am schnellsten
loslassen kannst, denn Du hast die Wahl, ob Du einfach nur daliegst und Dich
ausruhst oder Dich mitnehmen läßt von der Musik in einen Zustand von Gelöstsein
– von Loslassen – ob Du Dich erinnerst, wann Du das letzte Mal ganz entspannt
warst – locker – gelöst – oder ob Du meiner Stimme lauschen magst und all den
Assoziationen, die sie bei Dir weckt. Du kannst wieder hineinspüren, wo überall
Du den Boden berührst und was alles Du an den Boden abgeben kannst – loslassen.
So, als wenn Du Dich tiefer auf den Boden sinken lassen willst – mehr und mehr.
Einfach, indem Du hineinspürst in Deine Beine und wahrnimmst, wie sie da liegen,
jetzt schon ein kleines bißchen mehr loslassen – schwerer werden lassen und auf
den Boden sinken. Und während Dein Körper das ganz von allein weitertut und
einfach weiter losläßt, kannst Du mit Deiner Aufmerksamkeit in Dein Becken
spüren – rechts und links – wie es jetzt daliegt, und was Du hier loslassen kannst
– lockern – lösen, ganz an den Boden abgeben – ganz von allein kann Dein Körper

das für Dich tun, so wie jedesmal, wenn Du in diesen entspannten Zustand gehst,
– wo Du weißt, daß Du jetzt die Zeit für Dich hast – wo Du weißt, daß Du
entscheiden kannst, was Du machen möchtest – wo Dein Körper weiß, daß er
einfach loslassen und sich entspannen kann. Je höher Du kommst mit Deiner
Aufmerksamkeit, desto tiefer kannst Du Dich entspannen. Während Du mit Deiner
Aufmerksamkeit Deinen Rücken wahrnehmen kannst und wo Du überall den
Boden berührst – wo Du aufliegst oder wo es einen Abstand gibt zwischen Boden
und Deinem Rücken – kannst Du noch ruhiger werden – vielleicht ganz bewußt
loslassen – weich werden lassen – weiter werden lassen und lockern und lösen,
was Du hier lösen kannst. Vielleicht mit jedem Ausatmen ein kleines bißchen tiefer
auf dem Boden ablegen. Oder mit jedem Ausatmen ein kleines bißchen tiefer
loslassen. Während Du jetzt mit Deiner Aufmerksamkeit hineinspürst in beide
Arme – wie sie heute daliegen – und wie genau Du hier loslassen kannst, indem
Du weiter oder weicher werden läßt – vielleicht auch, indem Du Dir vorstellst, daß
Deine Arme schwerer werden – oder Du ganz bewußt all das lockern kannst, was
Du jetzt hier lockern und lösen möchtest. Um dann wahrzunehmen, wie Dein Kopf
aufliegt – und was Du hier im Nacken und Kopf noch loslassen kannst – an den
Boden abgeben – gehen lassen kannst, wie Gedanken vielleicht – oder wie Deinen
Atem. Einfach nur wahrnehmen, wie Dein eigener Rhythmus ist und wie Du Dich
von Deinem Atem schaukeln lassen kannst – in Deinem Rhythmus – und mit jedem
Ausatmen so ein kleines bißchen mehr loslassen – ein kleines bißchen tiefer
loslassen, während Du gleichzeitig ganz hellwach sein kannst – denn Du weißt,
daß die Reise zu dem Ort geht, an dem Du all Deine Erfahrungen und Dein Wissen,
alles, was Du jemals gelesen oder gehört oder gesehen hast, das, was Du jemals
erlebt hast, für Dich gesammelt hast – wieder finden kannst – für Dich in eine Form
gebracht, so daß Du Dich wieder erinnern kannst. Während Dein Körper ganz von
allein mehr und mehr entspannen kann, kannst Du Dich auf die Reise begeben zu
Deinem Ort der Ruhe, einem Ort in der Natur, wo Du schon einmal Ruhe und
Frieden für Dich erlebt hast. Erinnere Dich. – Erinnere Dich, an welchem Ort in
der Natur Du für Dich Ruhe und Frieden erlebt hast – und was für Dich an diesem
Ort alles wichtig ist. Laß Dich überraschen, welcher Ort heute für Dich da ist –
und wie die Ruhe in Dir noch intensiver werden kann. Was ist es, was den Frieden
in Dir mehr werden läßt – sind es die Farben oder das Licht – vielleicht ist es die
Stille – oder ganz bestimmte Klänge – oder Geräusche in der Natur – vielleicht
eine ganz bestimmte Atmosphäre – oder eine ganz bestimmte Art von Bewegung
oder Berührung – vielleicht ist es auch ein ganz bestimmter Geruch oder ein ganz
spezieller Geschmack. ...

Und heute weißt Du, daß Du von diesem Ort aus einen Weg nach innen ins Innere der Erde findest – einen Weg, von dem Du weißt, daß er Dich zu Deinem Ort Deiner Schätze, Deiner Erfahrungen führt – nach innen zu Dir. Und stell Dir vor, daß es hier an diesem Ort einen Eingang gibt – sei es ein Baum oder eine kleine Höhle – es kann durch's Wasser sein – oder durch eine Wurzel – einen Eingang ins Innere der Erde, so daß Du Dir vorstellen kannst, daß Du durch diesen Eingang nach innen kommen kannst – nach innen zu Dir – nach innen ins Innere der Erde – und Du kannst neugierig sein, auf welche Art und Weise Du Dich hier weiterbewegst, ob Du läufst oder gehst oder schwebst – wie Du nach innen Deinen Weg finden kannst – bis Du an einen Gang kommst – einen Gang, von dem Du weißt, daß er Dich an Deinen Ort bringt, wo Du all Deine Schätze und Erfahrungen findest – all das, was Du je in Deinem Leben erlebt hast – für Dich sortiert und strukturiert – geordnet – wo Du all dies aufbewahrst. Alle Erinnerungen, alle Informationen, alles Wissen ist an diesem Ort geborgen – und Du weißt, daß dies ein sehr wichtiger Ort für Dich ist.

Vielleicht warst Du schon längere Zeit nicht mehr hier, vielleicht aber auch erst vor kurzem. Laß Dich überraschen, wie Du in diesem Gang am Ende ein Licht erkennen kannst – das Dich anzieht, so daß Du weißt, daß dort der Eingang ist zu diesem ganz besonderen Ort in Dir – wo all das da ist, wo Du all das wiederfinden kannst, was Du jemals erlebt, gesehen und gehört hast, gelesen, an anderen erfahren – wo Du ganz selbstverständlich dabei warst – wo Du ganz aufmerksam oder vielleicht nicht aufmerksam warst – was so ganz nebenbei passiert ist – was ganz wichtig war oder vielleicht damals nicht ganz so wichtig.

Laß Dich überraschen, wie dieser Ort für Dich heute aussieht. Und auf welche Art Du Dein Wissen gespeichert hast, vielleicht gibt es da Filmrollen – vielleicht gibt es Tonbänder – Bücher oder fliegende Zettel – vielleicht gibt es Akten oder Karteikästen – vielleicht ist es ein riesiges Computerzentrum mit verschiedenen Bildschirmen – Möglichkeiten, wie Du finden kannst, wie Du Dein eigenes Wissen abgelegt und für Dich geordnet hast. Vielleicht gibt es ganz neue Arten, wie Du Informationen gespeichert hast – vielleicht auf ganz wunderschöne alte Schrift-rollen und Pergamente, die all Deine Schätze, all Deine Erfahrungen für Dich aufgezeichnet haben. Laß Dich überraschen, welche unterschiedlichen Methoden Du gewählt hast, um Dein Wissen zu archivieren – um Dein Wissen für Dich so abzulegen, daß es Deine eigene Ordnung hat – Dein eigenes System – Dein ganz spezielles Ordnungssystem, wo Du alles wiederfindest, wenn Du es brauchst. Vielleicht gibt es da Ecken für Kindheitserinnerungen, oder vielleicht gibt es Plätze, wo ganz viele schöne Sachen liegen – vielleicht gibt es helle und dunkle – farbige und schwarz-weiße – laute und leise – warme oder kühle – weiche und feste – nahe und ferne Dinge – laß Dich überraschen, wie Du die Gerüche und den Geschmack für Dich geordnet hast und auf welche Art Du für Dich Deine Empfindungen sortiert hast. Wenn Du denkst, daß es da noch etwas zu verbessern gibt, wenn Du da noch etwas optimieren möchtest oder Ordnung hineinbringen, dann kannst Du das jetzt tun – vielleicht noch das eine oder andere beschriften oder aufrollen – vielleicht noch einmal Dinge zuordnen, die zusammengehören – vielleicht auch nur einfach ein bißchen blank putzen, was da schon etwas angestaubt ist. Und es ist nicht wichtig, daß gleich ganz klar ist, was wie zusammengehört, sondern daß Dir vielleicht im Tun und im Verändern klarer wird, wie Du Dinge für Dich neu ordnen kannst – so daß sie jetzt für Dich stimmen – so daß Du Dir sagen kannst, das ist meine eigene Ordnung – und das Gefühl hast, daß Du jederzeit all das wiederfinden kannst, was Du für Dich brauchst – weil Du einen Überblick hast und Deine eigene Struktur erkennen kannst. ...

Und vielleicht ist Dir jetzt beim Ordnen und Strukturieren schon eine Idee gekommen, was Du für Dich neu ordnen möchtest, Dinge, die Du vielleicht gelesen hast, die Du selbst erlebt hast, Dinge, von denen Du gehört oder die Du gesehen hast. Und dann sorg für ein eigenes Ordnungssystem – wo Du all das, was Du im Leben bisher erfahren hast, auf die eine oder andere Art für Dich ordnest – strukturierst – ablegst. Und es ist nicht wichtig, daß Du von allem immer sofort und vollständig den Inhalt *weißt*, daß es manchmal reicht, eine Filmrolle zu beschriften, um zu wissen was drauf ist, ohne den ganzen Film von Anfang bis Ende zu sehen. So eine Ordnung zu schaffen für Dich, an diesem Ort, daß Du das Gefühl hast, alles, was Du je erfahren hast, hat seinen Platz und hat seine Beziehung zu anderen Dingen, hat Verknüpfungen mit anderem und hat aber auch einen klaren, festen Punkt in Dir. Und vielleicht weißt Du gleich, wie Du das machen kannst, vielleicht fällt es Dir aber erst im Tun ein, indem Du beginnst, hier und da einander zuzuordnen, gemeinsam abzulegen, vielleicht nach der Form, vielleicht nach den Inhalten, vielleicht nach einem ganz eigenen Konzept, so das Du für Dich eine solche Übersicht schaffst, daß Dir klar ist, was wo hingehört, daß Du weißt, daß es für Dich stimmt. Du hast jetzt noch eine Minute, alles das zu ordnen, was Du hier ordnen möchtest. Ob es ganz spezielles Wissen ist oder Deine privaten Erinnerungen – eine Minute – alle Zeit der Welt – wo Du alles so herrichten kannst, wie Du es gerne hättest. ...

Und dann schließ das für Dich ab in dem Wissen, daß Du jederzeit – auch des Nachts, wenn Du träumst – aufräumen kannst – und zuordnen – und neu verknüpfen – und neue Strukturen einführen und auch neues Wissen hier jederzeit wieder ablegen kannst – einordnen in Dein eigenes System. Schließ das jetzt auf Deine Art ab und schaff auf eine ganz interessante Art, so wie es für Dich jetzt im Moment möglich ist, eine Verbindung zum Alltagsbewußtsein – vielleicht, indem Du einfach eine Vernetzung herstellst – aber vielleicht gibt es auch eine Rohrpost – eine Telefonleitung oder ein Modem – oder was es für Dich ist, wie Du eine einfache und effektive, schnelle Leitung zu Deinem Alltagsbewußtsein herstellen kannst, so daß Du Anfragen sofort in dieses Zentrum schicken kannst und die Antworten sofort nach oben an die Oberfläche Deines Bewußtseins kommen können. Laß Dich überraschen, wie Du das für Dich regelst, was für Dich die schnellste und einfachste Art ist, diese Verbindung herzustellen – ob Du erst etwas sehen kannst – oder erst etwas hören – oder vielleicht kommt auch erstmal ein Gefühl – oder ein Geruch – ein Geschmack – wie ist Dein Zugang – Deine Verbindung hinunter in diesen Raum der Erinnerung und hinaus in Dein Alltagsbewußtsein. Mit dem Wissen, daß auch diese Verbindung sich immer weiter ausbauen läßt oder klarer werden kann, diese Verbindung deutlicher werden kann für Dich, je öfter Du sie benutzt, mit diesem Wissen schließ das für Dich ab.

Und komm hierher zurück – auf dem Weg, wie Du dorthin gelangt bist – auf die gleiche Art wieder zurück – ob Du nun geschwebt bist oder gegangen oder gelaufen – den Gang zurück – und wieder zu Deinem Ort der Ruhe – in die Natur mit all den Farben und dem Licht – in Deinem Tempo, mit all dem, was für Dich an diesem Ort wichtig ist – wahrnehmen, daß Du auch an diesem Ort der Ruhe jederzeit verweilen kannst, einfach indem Du an ihn denkst.

Verabschiede Dich auch von diesem Ort – und komm ganz hierher zurück in diesen Raum, spür noch einmal, was Du jetzt heute noch machen möchtest – worauf Du Dich jetzt noch freuen kannst – was es ist, worauf Du Lust hast – und vor allen Dingen, welche Bewegung oder Berührungen – oder welche Gedanken – jetzt die Energie in Dir zum Fließen bringen – damit Du genau das, was Du heute vorhast, auch noch gerne machen kannst – und genug Energie da ist, um genau das zu tun.

Ja – komm einfach in Deinem Tempo hierher zurück – und wenn Du noch ein bißchen Energie haben willst, kannst Du wie beim Yoga die Hände und die Füße aneinander reiben – so daß die Hände warm werden und die Füße warm werden und der Energiefluß im Körper wieder anfängt zu zirkulieren. Vielleicht anfangen mit Räkeln oder Rücken massieren oder so ein leichtes Hin- und Herrollen, ja, oder irgend etwas, was Dich jetzt schön warm werden läßt und ganz frisch und erholt, vollständig wach hierher zurückbringt.

Deinen inneren Kritiker wertschätzen

Ziel:
Sowohl den kreativen, als auch den kritischen Teil in Dir annehmen und würdigen

Gruppengröße: ☺

Dauer:
25 Min.

Musik:
Chakren-Meditation, Merlins Magic, Windpferdmusic

Anmerkung:
Im NLP gehen wir davon aus, daß Menschen eine Vielzahl von Persönlichkeitsanteilen haben, die alle eine positive Absicht für die Person haben. Wenn alle Teile in Balance sind, sind wir ganz leicht kreativ und „im Fluß".

Ungeliebte Persönlichkeitsanteile drängen sich oft unnötig in den Vordergrund, um unsere Aufmerksamkeit auf ihre wichtige Aufgabe zu lenken. Wenn alle Anteile wertgeschätzt sind, können wir in Harmonie unser Leben gestalten.

Anleitung:
Nimm wahr, wie Deine Beine auf dem Boden liegen und was Du jetzt alles loslassen kannst – und Du weißt jetzt, daß Du alles an den Boden abgeben kannst – einfach, indem Du Dir innerlich ein Bild davon machst, wie Deine Beine jetzt daliegen – einfach loslassen – so als wenn Du mit jedem Ausatmen ein kleines bißchen tiefer auf den Boden sinkst, mit jedem Ausatmen ein kleines bißchen mehr lockern und lösen kannst und mehr an den Boden abgeben kannst – da, wo Du jetzt schon die

Erde berührst – wie eine Welle Deinen eigenen Rhythmus finden und mit Deinem eigenen Atemrhythmus loslassen, lockern und lösen – vielleicht so, als wenn alles ein kleines bißchen weicher wird oder weiter, ein kleines bißchen schwerer oder wärmer oder auf Deine Art, wie Du es erkennst, daß Du einfach mehr und mehr losläßt – und je mehr Du dem Boden anvertraust, abgibst, in Deinem Rhythmus kommen und gehen läßt, und je mehr Du Deinen Atem wie eine Welle erleben kannst – desto leichter können auch Deine Gedanken kommen und wieder gehen. Um Raum zu schaffen für das, was Du jetzt brauchen kannst, um Dich mit einem Teil von Dir zu treffen – mit Deinem Kritiker – um Dich mit ihm zu verbünden. ...

Du kannst entscheiden, ob Du jetzt mitgehst auf die Reise an einen Ort der Ruhe, einen Ort in der Natur, den Du kennst – einen Ort, wo Du schon einmal Ruhe und Frieden in Dir erlebt hast und wo all das da war, was Dich darin unterstützt, in Dir einen Zustand von Gelassenheit zu erleben – einen Ort, von dem Du weißt, daß Du hier diesen Teil treffen wirst, den Du manchmal wie einen Feind in Deinem Innern erlebst – den Teil, der in jeder Situation genau weiß, wie Du bist, und genau weiß, wie Du sein kannst – diesen Teil, der Dich kennt wie niemand sonst – diesen Teil, der sofort merkt, wenn Du nicht authentisch bist – diesen Teil, der sofort merkt, wenn Du nicht ganz Du bist. Laß Dich überraschen, wie Du diesen Teil heute kennenlernen wirst und wie er heute für Dich da ist – dieser Teil, der Dich nicht in der Mittelmäßigkeit versacken läßt und der dafür sorgt, daß Du jederzeit nach Deiner persönlichen Bestleistung strebst.

Laß Dich überraschen, auf welche Art Du ihm heute begegnen kannst und wie Du diesen Teil einladen kannst, Dich zu unterstützen, um mit der Energie, die er zur Verfügung hat, daran mitzuwirken, daß Deine Projekte erfolgreich werden – Deine Projekte mit der Energie nach vorn gebracht werden, die da ist. Laß Dich überraschen, wie Du diesen Teil einladen kannst, daß er gern mit Dir Kontakt aufnimmt – wie er das über Träume tun kann – über Inspiration – über Gedanken aus heiterem Himmel – und wie Du erkennen kannst, was wichtig ist für Dich und was bereits überholt ist und der Vergangenheit angehört, weil Deine Fähigkeiten heute weiterreichen, weil Dein Spectrum heute mehr und mehr von Dir umgesetzt werden kann und mit seiner Unterstützung mehr und mehr werden kann. Laß Dich überraschen, daß dieser Teil von Dir – dieser Teil, der Du bist – dieser Teil Deiner Intelligenz – Deines Bewußtseins – dieser Teil Deines Gehirns ist, den nur wir Menschen haben – mit dem nur wir Menschen beschenkt sind und wie Du diesen Teil in Deine Pläne miteinbeziehen kannst – wie Du dafür sorgen kannst, daß er reifer wird und älter, daß dieser Kritiker wahrnimmt, was Du heute schon alles kannst, was alles in Dir steckt an Fähigkeiten – an Möglichkeiten – an Ideen – aber auch Möglichkeiten, diese Ideen umzusetzen. Was kannst Du tun, um diesen Kritiker zu bitten: „Sei mein Freund – sei mein Verbündeter, der mich darin unterstützt, dahin zu kommen, wo ich gerne hinkommen möchte" – damit Du mehr und mehr Licht in Dir entdecken kannst – und Farben – daß Du mehr und mehr von dieser Energie nutzen kannst, die dieser Teil schon immer für Dich hatte – so daß Dir bewußt wird, daß er ganz selbstverständlich schon kooperieren kann – daß Dein Kritiker Dich unterstützt in all den Projekten, die Du vorhast – daß das Dein Freund ist, Dein Verbündeter, ein wunderbarer Helfer, der da ist für Dich und Deine Projekte – ein wunderbarer Helfer zur Unterstützung für alles das, was Du Dir vorgenommen hast oder was Du vielleicht jetzt noch nicht einmal weißt – weil dieser Kritiker sogar dazu beitragen kann, daß Du Deine Aufgabe finden kannst – Deine Ziele entdecken und Du Deine Visionen wählen kannst – das, was Du kreativer gestalten möchtest – wo Du hinwillst mit Deiner Aufmerksamkeit – mit Deiner Kreativität – mit Deiner ganzen Phantasie und Deiner ganzen Kraft.

Und indem Du diesen Teil umarmen und so zu Deinem Freund machen kannst – nimm wahr, auf welche Art Du Dich mit ihm einigen kannst, daß Ihr gemeinsam in eine Richtung geht, daß er Dich warnt, wenn es wichtig ist – daß er Dich träumen läßt, wenn Du träumen willst – daß er Dich unterstützt, wenn der Realist dran ist, damit diese Ideen sich lohnen umgesetzt zu werden – damit das, was sich für Dich als lohnenswert zeigt, auch Realität werden kann, daß er das für Dich regelt, so daß Du in Balance bist und Ihr in Harmonie seid, und alle Teile sind dazu eingeladen, daß Dein kreativer Teil kreativ sein kann – Dein Träumer träumen kann – daß der Kritiker Dich warnen kann, aber Dir auch konstruktiv helfen kann – um dabei alle die Einwände, die von außen kommen können, vorab zu klären, vorab loszulassen, um dann zur rechten Zeit antworten und reagieren zu können, so daß Dein Realist in Dir all das umsetzen kann – so daß es in Deinem Alltag da ist und integriert wird – jeden Tag – mehr und mehr in Dein Leben kommt – daß Kreativität ein Teil von Dir wird, der ganz selbstverständlich ist – ganz selbstverständlich von allen anderen Teilen unterstützt, um sicherzustellen, daß Du ganz erfolgreich Du bist – ganz selbstverständlich alle Teile leben kannst – alle Möglichkeiten leben kannst – Dein Potential entfalten kannst – ganz selbstverständlich Deine Erfahrungen verknüpfen kannst, alle diese Teile zusammenbringen kannst, damit sie den Tanz der Kreativität gemeinsam tanzen können. Laß Dich in diesem Spectrum wählen, welches für Dich die richtige Art ist, wie Du all Deine Teile in Balance bringst, ganz selbstverständlich ihren Weg und ihre Ausgewogenheit finden läßt, daß sie alle für Dich in eine Richtung denken und handeln, in die Du möchtest, und daß alle die Anteile, die hier zusammenkommen, sich einigen, welches der beste Weg ist oder welches die schönste Möglichkeit ist, Dein Potential zu entfalten – Deine Vielfalt zu leben – alles in Dir zur Entfaltung zu bringen, was zur Entfaltung strebt – und wie dieser Kritiker in Dir ganz selbstverständlich immer da ist – für Dich da ist und die Energie für Dich nutzen wird, je mehr Du in dieser Situation fragen kannst: „Was kann ich tun, um mein Potential zu entfalten?" Je intensiver und regelmäßiger Du fragst, desto mehr kannst Du Deine persönliche Bestleistung kennenlernen – Deine persönliche Bestleistung leben – Deine persönlichen Werte – Deine Vorstellungen in Deinem Leben umsetzen.

Und dann nimm Dir ungefähr noch eine Minute Zeit, wo Du Gedanken kommen lassen kannst oder Gefühle, wo Du nur daliegen kannst und loslassen – noch einmal eine Minute – alle Zeit der Welt –, um das für Dich so abzuschließen mit all den Farben und dem Licht und all den Klängen und vielleicht mit Duft oder Geschmack. Vielleicht ist es ein ganz bestimmtes Gefühl, was Dich darin unterstützt, das für Dich abzuschließen und zu wissen, Du hast bereits begonnen, diesen Weg zu gehen. Und einfach, indem Du ihn jetzt angedacht hast, kann er ganz von allein für Dich weitergehen, ganz von allein – in der Nacht und vielleicht auch morgen für Dich – weitergehen, so daß Du weißt, daß Du in Balance bist und von innen heraus in Harmonie – in Harmonie mit allen Deinen Teilen handeln kannst – und einfach nur fließen lassen kannst, was in Dir ist – es von innen nach außen bringen – und von außen die Anregungen nach innen nehmen – in Dir bewegen, um sie vielleicht verändert oder veredelt oder auf eine andere Art wieder nach außen zu bringen. ...

Mit dem Wissen, daß Du diesen Prozeß weiterlaufen lassen kannst und immer wieder Zugang finden kannst, kannst Du das jetzt für Dich rund machen, abschließen, beenden auf Deine eigene Art und in Deinem eigenen Tempo. Und dann kannst Du wieder mit Deiner Aufmerksamkeit hierher in diesen Raum kommen und Dich vielleicht räkeln und eine Bewegung finden, die Dich ganz hierher bringt.

Vielleicht hast Du schon jetzt eine Idee, was Du heute noch machen wirst – wozu Du noch ein wenig Energie brauchen kannst. Kennst Du etwas, was Dich heute freuen wird und was Dich hierher lockt? Und dann beginne mehr und mehr wahrzunehmen, was Dich jetzt hier umgibt – was Du sehen kannst, wenn Du Deine Augen öffnest – was Du hören kannst in diesem Raum hier – um ganz wach wieder hier in diesem Raum zu sein.

Reise zum kreativen Raum

Ziel:
Raum für Kreativität in sich erschaffen, in Flow kommen

Gruppengröße: ☺

Dauer:
25 Min.

Musik:
P.C. Davidoff and friends: Secrets of
the Jade

Anmerkung:
Malen, Tanzen, Schreiben danach
hilft, den erlebten Zustand in den
Alltag zu bringen.

Manchmal sind die entstehenden
Bilder oder Texte nach einer solchen Reise der Beweis für die neu-
gewonnene Fähigkeit.

Anleitung:
Du kannst entdecken, was es in Deinem kreativen Raum für Dich zu entdecken
gibt. Vielleicht kann Dich die Musik begleiten, oder vielleicht kannst auch Du Dich
erinnern an eine Situation, wo Du schon mal losgelassen hast. Und Du hast
natürlich – wie immer – die Wahl; Du kannst entscheiden, ob Du einfach nur
daliegst und Dich ausruhst und Deinen eigenen Gedanken nachhängst oder ob Du
Dich mitnehmen läßt von der Musik in einen Zustand von Entspannung – von
Loslassen – und Dich treiben läßt über die Schwelle in den Bereich, wo Kreativität
möglich ist – wo alles ganz von allein gehen kann und fließen kann – wo Du diesen
außerordentlichen Zustand genießen kannst. Du kannst entscheiden, ob Du einfach
nur Deinen eigenen Gedanken nachhängst oder meiner Stimme folgen magst und
den Assoziationen, die sie bei Dir weckt. ...

Und dann nimm wahr, was Du sehen kannst hinter Deinen geschlossenen Lidern, während Du meine Stimme hörst und die Schwerkraft Dich mit dem Boden verbindet und Du all den Geräuschen folgen kannst, die es hier im Raum jetzt gibt und Deinen eigenen Atemgeräuschen – all dies kann es Dir erleichtern, ganz zur Ruhe zu kommen. Und dann spür, wie Du jetzt daliegst, wo Du überall den Boden berührst, wie meine Stimme Dich begleitet und die Musik Dir helfen kann – mehr und mehr nach innen zu kommen – mehr und mehr in diesen entspannten Zustand zu gehen. Und wenn Du wahrnimmst, wie das Licht hinter Deinen geschlossenen Lidern ist, und die Ruhe hier im Raum sich mehr und mehr ausbreitet, während Du sicher auf dem Boden liegst – dann kannst Du alle Gedanken gehen lassen, und die Stille in Dir erleben und schon spüren, wie Deine Kreativität zu fließen beginnt. Und indem Du Deinen Atemrhythmus wahrnimmst und spüren kannst, wie Dein Atem Dich schaukelt, kann dieses Fließen oder dieses in Fluß kommen, dieses Loslassen mehr werden und Du kannst ganz innen Deine Mitte finden und Dich auf Deine Reise in Deinen kreativen Raum vorbereiten. Wenn Du spürst, wie Dein Körper mehr und mehr loslassen kann, kannst Du – in Deinem Geist ganz hellwach – auf Deine Reise gehen, die Reise zu Deinem kreativen Raum – kannst in Gedanken mitgehen an einen Ort in der Natur, wo Du schon einmal Ruhe in Dir erlebt hast. Laß Dich überraschen. Was jetzt da ist, welcher Ort heute zuerst dasein wird als Dein Ort der Ruhe – ein Ort in der Natur, wo Du Ruhe erlebt hast und wo Du wieder Ruhe erleben kannst. Laß Dich überraschen, was jetzt da ist.

Und wenn es mehrere Orte sind, dann wähle heute einen aus – und wenn er noch nicht ganz klar ist, dann laß ihn klarer werden – deutlicher – so daß er für Dich stimmt – heute, jetzt. Und dann schau Dich an Deinem Ort in der Natur um, wo es einen Eingang ins Innere der Erde gibt. Das kann ein Baum sein, wo Du durch die Wurzeln ins Innere der Erde gelangst, das kann eine kleine Höhle sein, wo Du ins Innere der Erde gelangst – das kann ein Wasser sein, ein Teich – was es ist, wo Du nach innen einen Weg ins Innere der Erde, einen Weg nach innen finden kannst, der Dich neugierig macht – ein Weg ins Innere der Erde, wo Du weißt, daß Du dort Deinen kreativen Raum finden wirst. Laß Dich überraschen, ob Du nach innen gleitest oder schwebst – oder läufst. Vielleicht kannst Du fliegen, vielleicht kannst Du schwimmen. Laß Dich überraschen, wie Du ins Innere der Erde gelangst, nach innen zu Dir auf dem Weg zu Deinem kreativen Raum – laß Dich anziehen – neugierig – vielleicht von einem Licht oder von einer Farbe, vielleicht von einem Klang oder einer Melodie oder der Stille oder vielleicht von der Berührung oder einer Bewegung, so daß Du nach innen gelangst zu Dir ins Innere der Erde, nach innen weiter und weiter auf dem Weg zu Deinem kreativen Raum.

Und vielleicht gibt es dort Gänge oder unterschiedliche Möglichkeiten, zu Deinem kreativen Raum zu kommen. Laß Dich überraschen, was es für Dich ist, woran Du erkennen wirst, daß es Dein Raum ist. Vielleicht lockt er Dich mit einem ganz bestimmten Licht in Deiner Farbe – vielleicht ist es ein Klang oder ein Wort oder vielleicht eine Melodie. Was ist es für Dich? Vielleicht eine Bewegung oder eine ganz bestimmte Berührung oder ein ganz bestimmter Geruch oder Geschmack. Laß Dich einladen und laß Dich anziehen von Deinem kreativen Raum, tief in Dir, so daß Du Lust hast, da hineinzutauchen, Dich da hineingleiten zu lassen oder hineinzugehen oder auf Deine Art in diesem Raum präsent zu sein. Jetzt. Empfinde Deine Form, Deine Weite, Deinen Raum, Deinen Platz, den Du benötigst. Laß Dich überraschen, wie ganz von allein schon alles da ist. Ganz selbstverständlich in Deinem kreativen Raum alles das vorhanden ist, was für Dich in diesem Raum wichtig ist, und je neugieriger Du bist, was hier schon da ist – wie hell es hier ist oder welche Farben hier sind, welche Formen, wie sich hier alles anfühlt oder wie es riecht –, desto mehr kannst Du erkennen, was in Deinem Raum alles für Dich zu hören ist, vielleicht Deine Melodie, vielleicht Dein Klang – vielleicht Stille oder Stille in Dir. Und wenn Du etwas verändern magst in diesem Raum, dann kannst Du das jetzt tun. Vielleicht ist dort einiges hinauszuschaffen, vielleicht ist es aber auch genauso, wie Du es gerne möchtest. Vielleicht sind nur einige Wände umzustellen oder mehr Licht hineinzulassen oder vielleicht Frische – und erlaube Dir hier alles zu verändern, was Du hier verändern willst, damit Du Dich in diesem Raum ganz wohlfühlst – ganz selbstverständlich Du bist und ganz selbstverständlich Du sein kannst.

Dann lade Dir an diesen Ort der Kreativität, an Deinen Ort, wo Du ganz kreativ sein kannst, Deinen kreativen Teil ein. Diesen kreativen Teil in Dir, der Dich immer wieder durch neue überraschende Lösungen verblüfft hat, der die ungewöhnlichsten Ideen, die spaßigsten Einfälle hat – der, wenn er spielen darf, eine Fülle an Möglichkeiten bietet, ein breites Spectrum an Ideen, an Lösungen – Dein kreativer Teil. Bitte diesen Teil, daß er es sich mit Dir in Deinem kreativen Raum ganz bequem macht. Nimm Kontakt auf – auf Deine Art –, vielleicht indem Du Dich bedankst, daß es ihn gibt, daß er schon soviel für Dich gemacht hat, daß er soviel Energie hat, immer wieder zu probieren – sich immer wieder Neues auszudenken – immer wieder aufzustehen – immer wieder Mut hat, ein Risiko einzugehen – immer wieder ungewöhnliche Einfälle hat. Und wenn Du eine Frage hast, dann kannst Du sie jetzt stellen und neugierig sein auf die Antwort – vielleicht ein Bild, vielleicht ein Wort, vielleicht ein Gefühl. Mach es Dir mit Deinem kreativen Teil ganz bequem, so daß Ihr miteinander vereinbaren könnt, wie Ihr in Zukunft noch besser miteinander spielen könnt – was Ihr braucht, um miteinander Spaß zu haben, um zu fließen und Euch beide zu verwirklichen. Was ist es für Dich? Macht es Euch gemeinsam ganz gemütlich, so daß Ihr kreative Lösungen finden könnt – und Ihr Zeit und Raum genug habt miteinander und Energie genug und Spaß –, welche neuen Wege wollt Ihr gehen und an welche alten wollt Ihr Euch erinnern, was wollt Ihr neu entdecken oder was wollt Ihr wiederentdecken. – Laß Dich überraschen, wie Ihr gemeinsam Möglichkeiten finden könnt, Ideen umsetzen könnt in Eurer Zusammenarbeit – in Eurem Zusammenspielen – mehr und mehr. Vielleicht nicht jeden Tag, aber dann, wenn es für Euch stimmt, mehr und mehr.

Und wenn Ihr dann Ideen habt, dann schließt das gemeinsam ab auf Eure Art, und verabredet gemeinsam ein Zeichen – für eine ganz bestimmte Zeit, um Euch wieder zu treffen und miteinander zu fließen oder zu strömen – oder was es für Dich ist – woran Du merken kannst, daß Du im Fluß bist, daß Du auf Kurs bist, daß Du im Flow bist, daß Du im Kontakt mit Deinem kreativen Teil bist. Verabschiede Dich auf Deine Art mit dem Wissen, daß Du jederzeit Kontakt herstellen kannst, daß Du jederzeit in diesen kreativen Raum kommen kannst – einfach indem Du an Dein Zeichen denkst – so daß Du jederzeit auf Deine Art Kontakt mit Deinem kreativen Teil aufnehmen kannst – so wie es für Dich stimmt. ...

Mit diesem Wissen verabschiede Dich und gehe wieder zurück, auf dem Rückweg auf die gleiche Art, wie Du hingekommen bist. Wenn Du geschwommen bist, dann schwimme zurück; wenn Du gegangen bist, dann geh; vielleicht bist Du geschwebt, dann kannst Du zurückschweben oder wenn Du geglitten bist oder geflogen, dann komm auf die gleiche Art wieder zurück – wieder zurück zu dem Ort in der Natur.

Und während Du hier noch einmal die Farben wahrnehmen kannst, die Töne und Geräusche der Natur, die ganz besondere Atmosphäre an diesem Ort – wie Du Dich hier fühlst und was hier für Dich wichtig ist – kannst Du das in Deiner Zeit abschließen. Noch einmal wahrnehmen, was es für Dich intensiver gemacht hat, das Licht oder die Stille, vielleicht eine ganz bestimmte Bewegung oder Berührung, um diese Qualität mit hierher zu bringen, in diesen Raum – als Gefühl in Deinem Körper. Und indem Du den Geruch wahrnimmst, der für Dich in der Natur wichtig war und welche Gedanken Du von diesem Ort mit hierher bringen kannst – hierher in diesen Raum, wo Du auf dem Boden liegst – kannst Du ausgeruht und schon ein bißchen wacher werden. Wenn Du das für Dich innerlich abgeschlossen und Dich auf Deine Art verabschiedet hast, nimm wahr, daß Du schon viel wacher und ausgeruhter daliegst und was in Deinem Körper sich jetzt schon bewegen möchte, um ganz hierher zu kommen. Mit dem Wissen, daß Du an diesen Ort jederzeit zurückkehren kannst – komm hierher zurück, wie nach einem erholsamen Schlaf – frisch und neugierig – was der Tag Dir heute noch schenken wird – an Möglichkeiten, kreativ zu sein.

Dein Ziel erreichen

Ziel:
Wege zum Ziel entdecken, unterstützende Ressourcen mitnehmen

Gruppengröße: ☺

Dauer:
25 Min.

Musik:
Sidh F. Tepperwein:
Flight of Fantasy

Anmerkung:
Für die Phantasiereise zur Zielerrei-
chung brauchst Du ein mittel- oder
langfristiges Ziel, also ein Ziel, was
Du frühestens in einem Jahr oder
später erreichen möchtest.

Anleitung:
Für die körperliche Entspannung richte Deine Unterarme so auf, daß Deine Hände
zur Decke zeigen und laß jetzt, während Du die beiden Arme so hältst, eine
Erinnerung kommen an eine Zeit, wo Du vollkommen entspannt warst – wo Dein
Körper die Erfahrung gemacht hat von Entspannung – von Loslassen und Wohlfühlen. Und während Du Deine Arme jetzt wieder zum Boden sinken lassen kannst,
kannst Du eine Erinnerung kommen lassen, in der Du ganz entspannt warst. Das
kann genauso schnell oder langsam gehen, wie die Erinnerung in Deinen Körper
zurückfindet, so daß die Erfahrung vollständig da ist. Bitte Dein Unbewußtes, alle
notwendigen Anpassungen in Deinem Körper zu steuern, so daß, wenn Deine
Hände den Boden berühren, Du vollständig entspannt – locker und gelöst bist ...

Nimm wahr, wie es ist, wenn Dein Körper diese Erfahrung vollständig erlebt und
laß sie noch ein bißchen intensiver werden, indem Du jetzt alles losläßt, und es an
all den Stellen noch weicher werden läßt – losläßt – wo Du es jetzt noch gebrauchen
kannst. Und während sich Dein Körper wie von allein weiterentspannen kann,

kannst Du mit Deiner Aufmerksamkeit nach innen gehen, so daß Du leicht innere Bilder und Töne entstehen lassen kannst.

Und Du wirst eine Reise zu einem Gipfel machen, und sie beginnt im Tal – und Du kannst für diese Reise all das mitnehmen, was Du für Deinen Aufstieg brauchst. – Dein Ziel ist der Gipfel. – Im Tal kannst Du Dich vorbereiten, hier hast Du die Zeit, die Reise zum Gipfel zu planen – allein oder mit anderen zusammen. Hier kannst Du Dir die Unterstützung holen, die sicherstellt, daß die Reise zum Gipfel – zum Ziel – für Dich leicht und erfolgreich wird. Vielleicht gibt es im Tal jemanden, der diese Reise bereits erfolgreich durchgeführt hat und den Du befragen könntest, welche Tips er für Dich hat. Vielleicht gibt es Abkürzungen zum Gipfel oder Kennzeichnungen, die Dir den Weg erleichtern – Hilfsmittel, die Dich unterstützen – vielleicht Seilbahnen oder aber Berghütten, wo Du eine Pause einlegen und Dich erfrischen kannst, Dich stärken kannst.

Im Tal kannst Du alle Ressourcen einsammeln, die Dich auf Deinem Weg zum Gipfel – zu Deinem Ziel – unterstützen. Du entscheidest hier auch, *wie* Du den Gipfel erreichen möchtest, ob der Weg für Dich leicht sein soll und Spaß macht – ob Du ihn allein oder mit anderen erreichen möchtest – wieviel Zeit Du Dir für diese Reise nehmen möchtest und was Du alles einpackst und was Dich während der Reise begleitet.

Und es gibt viele Wege zum Gipfel. Du kannst Dich hier entscheiden, ob Du Wege nutzt, die sich bewährt haben – die andere auch schon zum Gipfel gebracht haben – oder ob Du neue Wege zum Gipfel finden möchtest.

Hier im Tal kannst Du Dir auch schon einmal vorstellen, wie es wohl sein wird, wenn Du den Gipfel erreicht hast. Welche Aussicht erwartet Dich dort oben an Deinem Ziel? Welche Leute werden da sein? Was für ein Wetter erwartet Dich? Welche Erfahrungen wirst Du machen, wenn Du Dein Ziel erreicht hast? Was ist Deine Belohnung? Wie fühlt es sich wohl an, den Gipfel erreicht zu haben? Wie wirst Du Dich dort bewegen? Was wirst Du dort tun? Wie hört sich Deine Stimme an und die Stille um Dich hier? Wie kannst Du die Weite und Schönheit genießen, was bewegt Dich hier?

Und wenn Dich diese Vorstellung lockt, und es Dein Wunsch ist, diesen Gipfel zu erreichen, dann entscheide Dich loszugehen – nimm all die Sachen mit, die Dich unterstützen und Dir diese Reise so angenehm wie möglich machen – nimm Dir jetzt die Zeit, die Ressourcen, die Stärken in Dir herzustellen, all das, was Du brauchst, um Deinen Weg zu gehen, indem Du Dich an Situationen erinnerst, in denen Du das bereits gehabt hast, intensiv und vollständig.

Und dann nimm den Weg zum Gipfel, für den Du Dich jetzt entschieden hast, und gehe los. Jetzt. ... (Pause)

Laß Dich überraschen, in welchem Tempo Du Deinem Ziel näher kommst. Schritt für Schritt näher an das, was Du erreichen willst. ... (Pause)

Während Du Dich dem Gipfel weiter näherst, kannst Du die Farben und Umrisse klarer erkennen und daß es Dich mehr und mehr anzieht – je näher Du an Dein Ziel kommst. ...

Und wenn Du Deinen Gipfel erreicht hast, kannst Du spüren, wie es sich anfühlt, angekommen zu sein und Dein Ziel erreicht zu haben. Und laß dieses Gefühl in Dir stärker werden – intensiver – und auch die Erfahrung, wie Du dieses Ziel erreicht hast. Genieße den Augenblick, das erreicht zu haben, was Du Dir vorgenommen hattest – genieße das Gefühl, das jetzt da ist – mit all dem, was Du an diesem Ort wahrnehmen kannst.

Schau Dich um, wie es aussieht an diesem Ort – was alles da ist, was Du sehen kannst, welche Farben der Himmel hat, welche Formen und Umrisse die Berge haben. Wie weit kannst Du von hier aus sehen? Was kannst Du alles entdecken? Laß dieses Panorama, diese Aussicht einen Moment auf Dich wirken. – Und während Du all die Farben und Formen wahrnimmst, richte Deine Aufmerksamkeit auch auf die Töne und Geräusche, die Stille, die zu dieser Landschaft, zu dieser Natur dazugehören – und auch das Gefühl, was Du hast, inmitten dieser Berge eingebettet zu sein, Teil der Natur zu sein. Nimm Dir jetzt die Zeit, diese Erlebnisse innerlich vollständig aufzunehmen und alle positiven Erfahrungen in Dir ihren Platz finden zu lassen, so daß Du Dich jederzeit daran erinnern kannst, wenn Du es brauchst. Diese Erfahrung bleibt Dir, auch wenn Du diesen Ort wieder verläßt. Und mit diesen Erfahrungen und mit dem Wissen: „Du kannst es", genieß zum Abschluß noch einmal die Aussicht oben von diesem Gipfel und schließ das dann für Dich ab, verabschiede Dich von diesem Gipfel und geh den Weg wieder zurück vom Gipfel ins Tal, bereichert mit den Erfahrungen, die Du während Deiner Reise gemacht hast. ...

Verabschiede Dich auch von dem Ausgangspunkt Deiner Reise, dem Ort im Tal, wo alles begann, und komm mit Deiner Aufmerksamkeit wieder hierher zurück – in diesen Raum. Und Du kannst wieder Deine Arme als Unterstützung nehmen: Während Du beide Hände zu Deiner Brust bewegst, kannst Du das Gefühl von Wachheit und Frische in Dir stärker werden lassen – Du bestimmst, in welchem Tempo Du wieder hierher zurückkommen möchtest – wie schnell Du mit Deiner Aufmerksamkeit wieder nach außen kommen möchtest, so daß, wenn Deine

Hände Deinen Brustbereich berühren, Du vollständig wieder hier bist – frisch und vital – mit der Energie, die Du jetzt gebrauchen kannst. Und dann laß dieses Gefühl von Frische und Vitalität sich in Deinem Körper so ausbreiten, daß Du bereits Lust hast, Dich ein wenig zu bewegen und vielleicht schon eine Idee hast, was Du jetzt gerne machen möchtest.

Verabschiedung

Ziel:
Wiedergewinnung blockierter Energien, Versöhnung, Loslassen uner-
ledigter Geschäfte

Gruppengröße: ☺

Dauer:
30 Min.

Musik:
Kitaro: Silkroad

Anmerkung:
Es hat sich bewährt, nach der Reise
ein Bild zu malen und sich über die
neue Qualität der Beziehung auszutauschen.

Vor der Reise ist es günstig, den Gedanken an die Person, von der man sich
verabschieden möchte oder mit der man eine neue Qualität in der Beziehung
erleben möchte, bereits anzuregen.

Anleitung:
Spüre nach, wie Du jetzt den Boden berührst – wie Du in Kontakt mit der Erde
bist. Du kannst jetzt noch etwas verändern – so wie Du jederzeit Deine Körperhal-
tung verändern kannst, so daß es Dir gut geht, daß Du bequem daliegst und Dich
entspannen kannst – loslassen kannst. Nimm einmal wahr, wie Du jetzt daliegst.
– Du kannst Dich entscheiden, ob Du meiner Stimme zuhörst – oder der Musik –
oder einfach Deinen Gedanken nachhängst – oder Dich anregen läßt. Spüre, wie
Du die Erde berührst und an welchen Stellen Du überall in direktem Kontakt mit
der Erde bist. Stell Dir vor, daß Du ganz sicher, ganz fest daliegst. Nimm wahr, was
Du von Deinen Füßen noch abgeben – loslassen – der Erde anvertrauen kannst –
jetzt – um mehr und mehr in einen entspannten Zustand zu kommen, um Dich
von einer Person zu verabschieden.

Diesen Prozeß machst Du für keinen anderen – diesen Prozeß machst Du nur für Dich, um vielleicht verlorene Energien für Dich wiederzugewinnen. Und dann spür in Deine Arme hinein, an welchen Stellen sie die Erde berühren und was Du hier noch alles loslassen und abgeben kannst. Du kannst auch Deinen Atem als Unterstützung nehmen – jetzt mit jedem Ausatmen loslassen – mehr und mehr – um Dich zu entspannen und Dich vielleicht ein wenig mehr der Erde anzuvertrauen und mit Deiner Aufmerksamkeit nach innen zu gehen. Mit jedem Ausatmen mehr loslassen – Deinen Körper weicher werden lassen und an all den Stellen entspannen und loslassen, wo Du es noch gebrauchen kannst, jetzt, von den Füßen bis hoch zu Deinem Gesicht – in Deinem Tempo – loslassen – daß Du mit Deiner Aufmerksamkeit ganz in Deinem Körper bist. Spüre nach, was Du in Deinem Kopf, in Deinem Gesicht noch loslassen kannst, die Augenbrauen und die Augenlider – weicher werden lassen – die Gesichtsmuskulatur – loslassen – die Lippen, die Zunge, alles noch einmal ein wenig bewegen und danach loslassen – weicher und weiter werden lassen, so daß Du jetzt in einem entspannten Zustand bist, indem Du ganz in Kontakt mit Dir selbst bist – ganz mit Dir und Deinem Körper verbunden bist. Laß Dich von Deinem Atem unterstützen loszulassen – mit jedem Ausatmen – mehr und mehr ...

Und während sich Dein Körper wie von allein weiter entspannen kann, laß in Dir jetzt ein Bild von einer Brücke entstehen – eine Brücke, an deren einem Ende Du stehst und an dem anderen Ende die Person, von der Du Dich verabschieden möchtest. Schau Dich erst einmal um, wie Deine Brücke aussieht. Es kann eine Brücke sein, die Du bereits einmal gesehen hast, oder eine, die Du jetzt phantasierst: Deine Brücke. Und schau Dich um, was dazugehört – welche Form sie hat – welche Farbe – wie breit und wie lang sie ist und in welche Umgebung Deine Brücke eingebettet ist. Während Du Dich so umschaust, kannst Du auch auf all die Töne und Geräusche achten, die dazu gehören – jetzt, während Du an einem Ende der Brücke stehst.

Und dann schau hinüber zum anderen Ende, wo die Person steht, von der Du Dich verabschieden möchtest. Schaut Euch an und geht aufeinander zu, auf der Brücke, so daß Ihr Euch in der Mitte der Brücke trefft. Schaut Euch dabei an – so daß Ihr Euch genau in der Mitte trefft – Ihr Euch gegenübersteht. Begrüßt Euch auf Eure Art und Weise – und Ihr habt jetzt Zeit, Euch auf dieser Brücke auszutauschen. Nach dieser kurzen Begrüßung fang damit an, daß Du in Deiner Erinnerung noch einmal zurückgehst und überlegst, wann und wie Du die Person kennengelernt hast, und beginne dann, ihr all die Sachen zu erzählen, die Dich verletzt oder gekränkt haben, die Dich vielleicht verärgert haben. Und gehe Deine Erinnerungen

Schritt für Schritt nach diesen Erlebnissen für Dich durch und erzähle ihr jetzt all diese Sachen, die noch unausgesprochen sind – die bisher nicht gesagt waren oder undeutlich waren – oder vielleicht nicht klar waren. Die andere Person wird Dir jetzt zuhören – einfach nur zuhören. Beginne jetzt damit, ihr all das zu sagen, was bisher noch nicht ausgesprochen war – was Du ihr jetzt sagen möchtest und nimm wahr, wie sie Dir jetzt ganz genau zuhört. ... (Ca. 1 Minute Pause) ...

Und Du kannst die Zeit für Dich nutzen, indem Du die Sachen, die einmal gesagt werden müssen, sagst – die Sachen mitteilst, die Dich geärgert oder verletzt haben. Es geht nicht darum, daß der andere Dir zustimmt, sondern nur darum, daß er Dir zuhört, daß Du ihm oder ihr all die unausgesprochenen Sachen jetzt mitteilen kannst.

Du kannst dann die negativen Sachen für Dich zum Abschluß bringen – auf Deine Art und Weise – und auch schon einmal überlenken zu all den Erfahrungen, die Du gemacht hast mit der Person, die angenehm waren – und dazu kannst Du auch hier noch einmal zum Anfang Eurer Beziehung zurückkehren und überlegen: Was habt Ihr Angenehmes erfahren – was hast Du Positives erlebt mit der Person? Laß jetzt die Erinnerungen kommen, die Du mit dieser Person hattest, die für Dich angenehm waren – die Du als angenehm erlebt hast – die Du positiv in Erinnerung hast. Und dann sag ihr all das, was Du gut fandest an ihr, wo Du Dich wohlgefühlt hast oder was Du von der anderen Person gelernt hast. Und dann teile ihr das mit. Was hast Du Positives mit dieser Person erlebt? Wofür bist Du vielleicht sogar dankbar? Wofür möchtest Du Dich jetzt bedanken? Auch hier hört Dir die andere Person zu. Du kannst ihr jetzt all das mitteilen, was Du als angenehm erlebt hast. ... (Ca. 1 Minute Pause) ...

Und bringe es dann für Dich zu einem Ende – auch mit dem Bewußtsein, daß Du ihr jetzt das Wichtigste mitgeteilt hast, daß es vielleicht nicht vollständig war, aber daß das, was Du jetzt mitgeteilt hast, Dir besonders wichtig war. Dann bedanke Dich bei der Person, daß sie Dir zugehört hat – daß Du ihr all die unausgesprochenen Sachen sagen konntest.

Und dann wechselt ganz bewußt die Rollen, so daß Du jetzt zuhörst und die andere Person die Möglichkeit hat, Dir all das zu erzählen, was sie geärgert hat – wo die andere Person verletzt war im Umgang, im Beisammensein mit Dir und was die andere Person noch nicht ausgesprochen hat, aber jetzt aussprechen möchte. Und dann laß die Person reden und höre einfach nur aufmerksam zu – mit dem Bewußtsein, daß es eine Rückmeldung ist für Dich, die Du als Geschenk betrachten kannst. Du kannst danach entscheiden, was Du mit dem Geschenk machst – so daß Du jetzt erst einmal zuhörst, was hat die andere Person gestört, wo war die andere Person verletzt und was ist noch unausgesprochen. Höre jetzt einfach nur zu. Laß Dich überraschen, was die andere Person Dir alles mitzuteilen hat und was sie aus ihrer Sicht zu schildern hat. ... (Ca. 1 Minute Pause) ...

Und dann laß die Person, die geschilderten Erlebnisse und ihr Erleben zum Abschluß kommen und sie noch einmal ganz bewußt erzählen, was für angenehme, positive Erinnerungen und Erlebnissen sie mit Dir hatte, was die andere Person von Dir gelernt hat – wofür sie Dir vielleicht dankbar ist – was sie einfach nur Angenehmes mit Dir erlebt hat – welche Ereignisse und Erlebnisse sie als positiv mit Dir empfunden hat. Du brauchst nur zuzuhören – aufmerksam und neugierig –, was die andere Person Dir jetzt erzählt. ... (Ca. 1 Minute Pause) ...

Dann bringt auch das zum Abschluß, immer mit dem Bewußtsein, daß jetzt die Sachen gesagt wurden, die Euch beiden am wichtigsten waren. Schaut Euch noch einmal an – jetzt auf der Brücke – und überlegt, ob es noch irgend etwas gibt, was Euch jetzt wichtig ist – wichtig zu sagen. Sagt es jetzt mit der Gewißheit, daß Ihr die Aufmerksamkeit des anderen habt, daß Ihr zuhört – und der andere zuhört bei dem, was Du zu sagen hast. Dann sag es jetzt – alles, was noch geklärt werden will, was noch unausgesprochen war – jetzt austauschen. ...

Dann findet für Euch gemeinsam eine Art und Weise, wie Ihr Euch voneinander verabschieden könnt, bringt dieses Treffen auf der Brücke zum Abschluß und finde heraus, wie Du dem anderen verzeihen kannst. Wie kannst Du dem anderen deutlich machen, daß Du ihm oder ihr verzeihst und daß das, was Ihr jetzt miteinander ausgetauscht habt, in Ordnung ist, so wie es ist. Und versichere Dich jetzt noch einmal, daß auch die andere Person verzeihen kann – daß Ihr hier alles ausgesprochen habt – miteinander – wieder loslassen könnt – voneinander – und Euch gegenseitig verzeihen könnt, daß – egal was passiert ist – es so war wie es ist und jeder seine Meinung hatte, jeder seine eigene Sicht der Dinge, daß Ihr jetzt aber loslassen könnt. Dann laßt Euch als Geste oder Ritual eine Aktion einfallen, die noch einmal sicherstellt, daß Du verziehen hast und daß der andere verziehen hat und daß Ihr Euch jetzt voneinander verabschieden könnt.

Dann verabschiedet Euch auf Eure Art und Weise voneinander – so, daß Ihr Euch vom anderen lösen könnt und daß Du wieder zu Deinem Ende der Brücke zurückgehen kannst und der andere zu seinem Ende der Brücke. Verabschiedet Euch – vielleicht, indem Ihr Euch zuwinkt mit dem Wissen, daß jeder auf seine Seite der Brücke wieder zurückkehrt und wieder auf seiner Seite der Brücke ist, so daß Du am Anfang der Brücke stehst – vielleicht noch einmal zurückschaust, um

Dich dann endgültig zu verabschieden und Deinen eigenen Weg zu gehen – Deinen eigenen Weg mit all den Qualitäten, die Du leben möchtest.

Verabschiede Dich dann auch von der Brücke und komm hierher zurück mit Deiner Aufmerksamkeit, so daß Du wahrnehmen kannst, wie Du hier auf der Erde liegst und was Du vielleicht schon als erstes bewegen möchtest – um wach hierher zurückzukommen – wie sich Deine Füße anfühlen, Deine Zehen und Deine Finger – wahrnehmen, wie sich Dein Becken, Dein Rücken und Deine Schultern anfühlen – daß Du spürst, daß Du jetzt hier bist. Du kannst Dich entscheiden, ob Du jeden Atemzug, jedes Einatmen dazu nutzt, hierher zu kommen, Dich mit Energie anzufüllen und wacher zu werden, oder ob Du Dich ein bißchen räkeln möchtest – ein wenig auf die linke oder die rechte Seite rollen. Welche Bewegungen möchtest Du als erstes machen – um ganz hierher zurückzukommen – frisch und vital.

Nimm Dir jetzt die Zeit, die Du brauchst, um hierher zurückzukommen und mit Deiner Aufmerksamkeit hier zu sein – Dich und Deine Bedürfnisse hier ernst und wichtig zu nehmen – und dem, wonach Dir jetzt ist, nachzugehen, und Du überprüfst, ob Du ein bißchen an die frische Luft möchtest oder ob Du einen Augenblick hier auf dem Boden liegenbleiben möchtest – Dich ein bißchen räkeln und bewegen oder einfach nur daliegen möchtest.

Und laß Dich überraschen, was Du jetzt als erstes machen möchtest, um ganz hierher zu kommen, was Dich bereits lockt und worauf Du jetzt Lust hast. Vielleicht allein oder aber mit anderen zusammen. Und dann laß die Energie, die Du jetzt gebrauchen kannst, in Dir stärker werden.

Das Spiel des Lebens

Ziel:
Die Fähigkeit, freies Spielen wieder
zu entdecken, Angst loslassen

Gruppengröße: ☺

Dauer:
30 Min.

Musik:
Martin Buntrock: Meer

Anmerkung:
Die Botschaft dieser Phantasiereise
ist in eine Geschichte gekleidet. Hier
gibt es keine Entspannungs- und
Rückreise-Phase, und die Trance ent-
steht durch den märchenhaften
Hintergrund und die Untereigenschaften der Stimme. Diese Reise ist
entstanden nach einer Idee von
Trudl Braun.

Anleitung:
Es lebte einmal ein Königssohn in seinem Land. Es war ein gutes Königreich, in
dem die Menschen glücklich waren – fröhlich und frei – ihrer Arbeit nachgingen
– unterstützt vom König und seiner Familie. Soweit das Auge reichte, konnte man
die Schönheit der Natur bewundern – weit und farbenprächtig schmiegten sich
kleine Dörfer an sanfte Hügel – Felder, Wälder und Flüsse bildeten ein ganz
einzigartiges Muster – und ganz harmonisch eingebettet in diese Schönheit gab es
viele, viele Spielplätze, auf denen Kinder und Erwachsene zusammen spielten,
lachten und viel Spaß miteinander hatten. Karl, der Königssohn, hatte Angst, auf
den Spielplätzen zu spielen. Wenn er nur in die Nähe eines Spielplatzes kam, dann
fing sein Herz vor Aufregung an zu schlagen – ganz laut und stürmisch – und er
sah nicht mehr, was um ihn herum war, sondern nur noch einen weiten Tunnel,

und er meinte, feuerspeiende Drachen kämen auf ihn zu. Ein Blick genügte und der Schreck durchfuhr Karls Glieder, so daß er sofort flüchtete – in sein Zimmer im Schloß, wo er sich sicher und geborgen fühlte. Dort spielte er mit seinem Ball, der sein Freund war und dem er alles anvertraute.

Wenn der König das sah, machte er sich große Sorgen. „Wie soll mein Sohn im Leben jemals glücklich sein? Wie soll er jemals die Verantwortung für all die vielen Untertanen übernehmen können, wenn er nicht frei spielen kann?" Der König ließ im Lande verkünden, das der Königssohn Hilfe braucht und jedem der helfen kann, versprach er eine große Belohnung.

Viele wollten helfen und waren gekommen – Ärzte, Apotheker, Wissenschaftler, Professoren, Künstler, Spieler und Spaßmacher – und waren unverrichteter Dinge wieder gegangen. Als der König beinahe am Verzweifeln war, sandte er die Nachricht auch in die entlegendsten Winkel des Reiches und so gelangte sie auch zu Fienna, einer alten und weisen Fee, die allein in einem weiten Tal am Rande des Reiches lebte. Fienna lebte noch im Einklang mit der Natur – sie konnte mit den Pflanzen und Tieren reden – wußte um die Weisheit der Steine und hatte eine ganz eigene Beziehung zu Sonne und Wind – Regen und Erde. Sie hatte viele Freunde – Geister und auch Menschen – und viele kamen, um ihren Rat zu holen oder ihr ihre Geheimnisse anzuvertrauen und sich Hilfe und Unterstützung von ihr geben zu lassen. Sie war immer heiter und hatte immer ein aufmunterndes und liebes Wort für jeden, der ihr begegnete.

Fienna wußte, wie traurig es ist, die anderen spielen zu sehen und nicht dabei zu sein. Sie wollte Karl helfen und begab sich zum Schloß, wo sie direkt in sein Zimmer geführt wurde. Fienna erzählte Karl von ihrem Leben in der Natur und von ihren Freunden, und Karl erzählte vom Schloß, von seinem Vater, von den Menschen – von seinem Raum und von seinem Spielgefährten – dem Ball. „Eigentlich geht es mir ganz gut, nur manchmal, wenn ich aus dem Schloß herausgehe und in die Nähe eines der vielen Spielplätze komme, dann packen mich Angst und Schrecken und ich muß sofort zurück ins Schloß. Ach wenn doch diese Drachen und Gespenster von den Spielplätzen verscheucht werden könnten, das wäre schön. Vielleicht könnte ich dann auch mal dort spielen."

Und Fienna erzählte von den Schutzengeln. Davon hatte Karl noch nie gehört. Fienna lächelte und sagte: „Und trotzdem hast auch Du Schutzengel. Einer ist an Deiner rechten Seite – und Du kannst ihn spüren an Deiner Seite, indem Du in Deine Schulter spüren kannst – an der ganzen Seite fühlen kannst und Dir vorstellen kannst, wie sich das anfühlt, rechts geschützt zu sein – und einer ist an

Deiner linken Seite – und indem Du hineinspürst in Deine linke Seite – in Deine linke Schulter – die ganze Seite wahrnehmen kannst, kannst Du spüren, wie Dein Schutzengel Dich an Deiner linken Seite schützt – einer ist hinter Dir – und wenn Du nach hinten spürst in Deinen Rücken, kannst Du ihn wahrnehmen, spüren, wie er Dich von hinten hält – und vor Dir sind zwei – wenn Du nach vorne spürst in Deine Brust – in Deine ganze Vorderseite, kannst Du wahrnehmen, wie Deine Schutzengel vor Dir sind und Dich von vorne schützen – einer ist unter Deinen Füßen – und indem Du hineinspürst in Deine Füße – und wahrnimmst, wie es sich unter Dir anfühlt, kannst Du entdecken, wie Dein Schutzengel unter Dir ist – und einer ist über Deinem Kopf – und indem Du hineinspürst in Deinen Kopf – oben wahrnimmst, wie sich die höchste Stelle Deines Kopfes anfühlt, kannst Du spüren, wie Dein Schutzengel über Dir ist. Sie alle sorgen dafür, daß Du heil bleibst – daß Du ganz bist – sie schicken Dir gute Gedanken und gute Ideen – sie sind Dir zugetan und sehr um Dich bemüht – sie sind immer für Dich da – besonders, wenn Du sie rufst, um mit ihnen in Kontakt zu sein – und besonders dann, wenn Du in Dich hineinspürst – rechts und links – vorn und hinten – oben und unten – immer dann, wenn Du reinspürst in Dich – und spürst, wie sich das anfühlt, freuen sie sich, daß Du ihnen Aufmerksamkeit schenkst – und sie schenken Dir genauso viel Aufmerksamkeit."

Karl überlegte lange – und dann sagte er: „Ich habe schon manchmal bemerkt, daß mir etwas wie durch ein Wunder gelungen ist und ich gerettet wurde und ich nicht wußte, wie. Aber daß meine Schutzengel dies für mich gemacht haben könnten – davon habe ich nichts gewußt."

„Sie sind auch dann da", sagte Fienna, „wenn Du nichts von ihnen weißt und Dich nicht um sie kümmerst. Du könntest Deine Schutzengel bitten, Dir zu helfen wegen der Angst, die Dir die Spielplätze machen."

„Ich will es überlegen", sagte der Königssohn leise und vorsichtig.

Einige Zeit später bekam Karl Besuch von einem gleichaltrigen Jungen. Er schwärmte ganz begeistert von dem Spielplatz an der großen alten Eiche, und Karl wurde es wieder eng ums Herz, als er nur daran dachte – und schon zog er sich zurück in seinen Raum, um dort mit seinem Ball zu spielen.

Da dachte er an Fienna und ihre Geschichten von den Engeln und daß er ihr versprochen hatte, die Schutzengel zu bitten. Er ging zu Fienna und fragte: „Willst Du mir helfen?", obwohl sein Herz beinahe am Zerspringen war.

„Ja, ich will Dir gerne helfen", sagte Fienna und lächelte ihm aufmunternd zu.

„Was kann ich machen?" fragte Karl.

„Frage Deine Schutzengel, ob sie mit Dir sprechen wollen – und frage mit Deinem Herzen."

Und Karl fragte mit seinem Herzen: „Hallo Schutzengel, wollt Ihr mit mir reden?" Und als er die Antwort in sich aufsteigen spürte – „Du bist geschützt!" – wiederholte er laut: „Ich bin geschützt!" – und spürte eine Wärme und Leichtigkeit, die seinen ganzen Körper durchflutete.

„Frag sie", sagte Fienna, „ob sie Dir helfen können, damit Du draußen spielen kannst auf den Spielplätzen der Welt." Und der Königssohn fragte mit seinem Herzen und spürte die Antwort in sich aufsteigen: „Du bist wichtig und Du gehörst mit dazu." Und Karl wiederholte wieder laut: „Ich bin wichtig und ich gehöre mit dazu."

„Wiederhole die gleiche Frage in Deinem Herzen immer wieder" schlug Fienna vor. Und Karl wiederholte die Frage in seinem Herzen – und nach einer Weile spürte er wieder die Antwort aufsteigen: „Du bist richtig!"

„Ich bin richtig", wiederholte Karl laut – und spürte ein gutes Gefühl in sich aufsteigen. So etwas wie Sicherheit und Vertrauen. Und dennoch verstand er die Antwort nicht: „Ich habe wegen der Spielplätze gefragt – ich verstehe die Antwort nicht!" Fienna lächelte weise: „Manches verstehen wir nicht und doch ist es wichtig – und manches verstehen wir nicht und doch ist es richtig. Hab Vertrauen – und wiederhole Deine Frage mit Deinem Herzen."

Karl zögerte einen Augenblick – doch dann atmete er tief durch, richtete sich auf und entschloß sich, zu vertrauen. Er bedankte sich für die Antwort, stellte erneut seine Frage mit dem Herzen – und nach einer Weile bekam er eine Antwort, begleitet von einem neuen aufregenden Gefühl: „Du bist neugierig – geh spielen und die Welt entdecken!"

„Ich bin neugierig – ich geh spielen und die Welt entdecken", wiederholte Karl laut – wie von selbst. „Schön", sagte Fienna, „ich komme mit." Ganz erstaunt schaute Karl sie an und wiederholte langsam: „Ich bin neugierig – ich gehe spielen und die Welt entdecken." Und allmählich begriff er – sein Herz öffnete sich – über sein Gesicht breitete sich ein Lachen aus – seine Augen begannen zu strahlen – und der aufgeregte Junge wiederholte mit lachender Stimme – laut und voller Freude: „Ich bin neugierig – ich geh spielen und die Welt entdecken."

Und sie rannten hinaus zu dem Spielplatz an der großen alten Eiche – und als sie näher kamen, war es für einen Moment so, als wäre der Tunnel wieder da und die Drachen und Geister – und dann dachte er an seine Schutzengel – und er spürte sie – rechts und links – hinten und vorne – unten und oben – und es war ihm, als würden sie ihn an der Hand nehmen – und ihn führen und ihn stützen und tragen – und er hörte sich sagen: „Ich bin geschützt – ich bin wichtig – und ich gehöre mit dazu – ich bin richtig – ich bin neugierig – ich geh spielen und die Welt entdecken."

Und er rannte auf den Spielplatz mit Sand und Schaukeln und Wippen und einem Kletterturm und vielen neuen Spielsachen, die er alle noch ausprobieren wollte – und schon von weitem lockten ihn all die Möglichkeiten, Erfahrungen zu machen, Abenteuer zu bestehen und mutig und beherzt Neues kennenzulernen. Vor allem die anderen Kinder, mit denen er jetzt gemeinsam spielen konnte, waren eine große Überraschung und ein wunderbares Geschenk für ihn – und nach und nach entdeckte er immer mehr Spielplätze – immer neue Spiele und Quellen von Freude und Lachen – und gerne kehrte er auch immer wieder in sein Zimmer im Schloß zurück – es war immer noch sehr sicher und geborgen hier – doch nun war es auch noch bunt geworden – und Karl hatte viele neue Freunde bekommen – im Schloß gab es jetzt ganz neue Melodien und Musik – eine ganz harmonische Stimmung breitete sich aus – fröhliches Lachen klang durchs ganze Land – überall waren Licht und helle Farben – und Mut und Lust auf Neues – und immer, wenn Karl einen Tunnel entdeckte – oder Drachen oder Geister – oder irgend etwas, was sein Herz vor Aufregung zu schnell schlagen ließ – dann dachte er an seine Schutzengel und konnte die Sicherheit spüren, die ihn umgab.

Der Alltag ist ein verwunschener Garten

Ziel:
Sinnfindung, Entwicklung einer positiven Einstellung zum Alltag

Gruppengröße: ☺

Dauer:
20 Min.

Musik:
Michael Ramjoue: Garten der Stille

Anmerkungen:
Es geht darum, den übergeordneten Sinnzusammenhang kennenzulernen, in dem wir leben. Ob man das Verbindung mit dem Universum nennt oder Quelle oder Natur der Natur oder DNS oder Gott oder göttliche Liebe. Es ist nicht wichtig, was andere dazu sagen, sondern daß jeder für sich selber seine Metapher findet und weiß, was das für sie/ihn bedeutet. Vielmehr, daß jeder seinen eigenen Weg findet, seinen Zugang zu diesem Zustand und die Verbindung herstellen kann.

Tausch Dich mit einem Partner oder einer Partnerin über die gefundenen Symbole und deren Bedeutung aus. Um sie besser zu verstehen, kannst Du auch malen, tanzen oder die Erfahrung aufschreiben.

Anleitung:
Beginne jetzt – wenn Du auf dem Boden liegst – indem Du mit dem Einatmen Deine Füße anspannst, die Füße, die Zehen zu Dir herziehst, ganz stark – und mit dem Ausatmen wieder losläßt. Und dann in Deinem eigenen Rhythmus zweimal

die Beine anspannst und ein wenig vom Boden abhebst – und mit dem Ausatmen wieder losläßt. Und dann die Fäuste ballen, anspannen – und loslassen. Und dann die Arme – zweimal die Arme anspannen – mit dem Ausatmen dann wieder loslassen. Und Deine Beckenmuskulatur und Deinen Bauch anspannen – und wieder loslassen, in Deinem eigenen Atemrhythmus, mit Deinem Einatmen anspannen und dann wieder loslassen mit dem Ausatmen. Und Deine ganze Rückenmuskulatur mit dem Einatmen anspannen – und mit dem Ausatmen loslassen, auf Deine Art. Und dann zweimal die Schultern und Deinen Nacken und Deinen Kopf mit dem Einatmen anspannen – und mit dem Ausatmen loslassen. Dann einmal den ganzen Körper anspannen und loslassen. Und während Dein Körper das für Dich tut, kannst Du jetzt alles an den Boden abgeben. Und daß Du das Deinen Körper allein weiter tun lassen kannst so wie jede Nacht – einfach loslassen, lockern und lösen – während Dein Geist dabei ganz hellwach bleiben kann, wie jeden Tag – und der Alltag ist wie ein verwunschener Garten oder wie ein Zaubergarten – der Alltag, den Du jeden Tag erlebst, den Du jeden Tag gestaltest für Dich auf Deine Art, den kannst Du Dir als einen Zaubergarten oder als einen verwunschenen Garten vorstellen. ...

Und während Dein Körper daliegt und Du einfach loslassen kannst und an den Boden abgeben kannst, was Du jetzt an den Boden abgeben möchtest, kannst Du in Gedanken in diesen Zaubergarten gehen auf Deine Art und Dich überraschen lassen, wie Du in diesen Zaubergarten kommst, ob da eine Tür ist oder eine Pforte oder ob Du einfach nur so hineingehen kannst oder plötzlich schon mittendrin bist. Laß Dich überraschen, wie Dein Garten für Dich aussieht – heute und jetzt. Und vielleicht gefällt er Dir schon ganz gut. Vielleicht gibt es allerdings auch Stellen, wo Du etwas umgestalten möchtest, wo Du etwas verändern willst. Und Du weißt, daß es Dein Garten ist, den Du so verändern kannst, wie er für Dich richtig ist, so daß er für Dich stimmt. Nimm wahr, was für Dich alles in diesem Garten jetzt schon da ist, was Du hier alles entdecken kannst, auf welche Art er angelegt ist, was es für Formen gibt und was für Farben. Nimm wahr, was in diesem Garten an Geräuschen wichtig ist – an Tönen und Klängen – oder vielleicht eine ganz bestimmte Art von Stille. Was alles an diesem Ort für Dich wichtig ist, was Du hier berühren möchtest oder was Dich hier berührt – vielleicht, welche Temperatur hier ist oder wie sich hier der Boden anfühlt oder welche Atmosphäre in diesem Garten herrscht. Vielleicht gibt es hier einen ganz bestimmten Geruch, von dem Du weißt, daß er zu diesem Garten – zu diesem verwunschenen Garten – paßt, oder vielleicht einen ganz bestimmten Geschmack, der dazugehört. Und Du weißt, daß Du in diesem Garten alles verändern kannst, was Du gern verändern möchtest. Du kannst für Dich den Ort schaffen, den Du Dir wünschst – den Du Dir vorstellst. Vielleicht

hast Du es gerne ganz üppig und voll und voller Farben, und vielleicht hast Du es
lieber übersichtlich und klar, vielleicht verschlungene Pfade oder gerade Wege. Du
hast die Wahl, Du kannst entscheiden, wie Du diesen Garten anlegen möchtest –
auf welche Art Du diesen Garten gestalten möchtest zu einem prachtvollen und
für Dich stimmigen schönen Platz. Und was Du alles hier in diesen Ort hineinbringen kannst – kreieren kannst – damit er für Dich richtig ist. Dein Zaubergarten
oder Dein Wunschgarten – mit allem, was für Dich dazugehört, mit Deinen Farben,
Deinem Licht, mit Deinen Klängen oder Deiner Melodie, Deinem Lachen oder
Deiner Stille. Mit all dem, was Dich berührt und was diese ganz besondere
Atmosphäre ausmacht, die zu diesem Garten gehört, so daß Du Dich hier gerne
frei und leicht und ganz selbstverständlich bewegst – in Deinem Zaubergarten –
wie in Deinem Alltag, ganz selbstverständlich, leicht, spielerisch und wie Du selber
spürst, daß es die Art ist, wie Du Dich bewegen möchtest. Du kannst neugierig all
das ergründen, erforschen, was es noch zu entdecken gibt in diesem Garten, und
je neugieriger Du Dich umschaust und je neugieriger Du wahrnimmst, was alles
in diesem Garten für Dich da ist, desto mehr kannst Du entdecken, was Dir noch
alles Spaß machen kann, was Dir alles Freude machen kann in diesem Garten, was
alles Deine Lebensqualität steigern kann oder Deine Lebensfreude oder -intensität
erhöhen kann – was es für Dich noch intensiver macht, hier zu sein und lebendig
zu sein in Deinem Garten.

Und Du weißt, daß irgendwo in diesem Garten eine Verbindung besteht, eine
Öffnung besteht, die Dich mit Deiner Quelle in Verbindung hält. Und vielleicht
bist Du auch gleich da, vielleicht mußt Du auch einen kleinen Moment schauen,
suchen und finden, wie der Zugang zu Deiner Quelle ist – und Dich neugierig
anziehen lassen zu diesem Zugang. Und vielleicht ist es nicht gleich klar, daß das
der Zugang zu Deiner Quelle ist, weil es am Anfang nicht so aussieht. Aber wenn
Du neugierig bist und mit all Deinen Sinnen wahrnimmst, dann wird sich dieser
Zugang für Dich von ganz allein öffnen. Du kannst Dich überraschen lassen,
welches Erlebnis dahinter auf Dich wartet und woran Du diese Geborgenheit oder
das Eingebettetsein in einen größeren sinnhaften Zusammenhang für Dich wahrnehmen kannst. Laß Dich überraschen, was passiert, wenn Du diesen Zugang
findest, diese Verbindung wahrnimmst und durch diesen Eingang eintauchst in
Deine Quelle, ob es für Dich Weite ist oder Wärme, ob es für Dich Licht oder eine
Farbe ist, ganz spezielles Licht oder eine ganz spezielle Farbe, oder vielleicht ist es
ein ganz bestimmter Klang oder Stille oder vielleicht Stille in Dir. Und was es ist,
was es noch intensiver macht, wenn Du eintauchst in Deine Quelle – in Deine
Farben – Dein Licht – Deinen Klang – Deine Melodie und dieses Gefühl im Körper
wieder erlebst – vielleicht als Strömen oder vielleicht so wie ein Fließen oder

Prickeln oder wie Leichtigkeit oder all das zusammen und was es für Dich noch intensiver macht – ganz da hineinzutauchen in Deine Quelle und loszulassen – mehr und mehr und diese Verbindung einfach wahrnehmen – annehmen – mehr und mehr in Dir dieses Strömenlassen oder Pulsieren oder Fließen annehmen und Dich dem Gefühl der Verbundenheit hinzugeben.

Vielleicht hast Du dafür ein Wort oder ein Bild, das Dich an dieses Gefühl erinnert, was Du mitnehmen kannst in Deinen Alltag – in Deinen Garten – das Du mitnehmen kannst in Deinen Garten als intensive Qualität oder als Verbindung zu Deiner Quelle und als Erinnerung an diesen Zustand des vollständig Aufgehoben- und Geborgenseins. Nimm wahr, was sich verändert, wenn Du diese Qualität mit in Deinen Garten nimmst, mit in Deinen Alltag und was dann ganz automatisch mit dabei ist, was sich dann ganz von selbst in Deinem Garten verändert – welche Qualität oder welche Fähigkeit für Dich in Deinem Alltag einen Unterschied ausmachen wird – vielleicht eine Idee – vielleicht auch nur so ein Gefühl von vielen Möglichkeiten oder vielleicht eine ganz konkrete Vorstellung davon, wie Du etwas umgestalten wirst – hier in Deinem Garten oder ganz konkret in Deinem Alltag. Wenn Du diese Qualität von Deiner Quelle täglich mehr und mehr entdeckst und diese Verbindung mehr und mehr pflegst, was kannst Du dann tun oder was kannst Du in Deinem Alltag mehr und mehr erleben – mehr in Deinen Alltag integrieren – auf eine positive Art für Dich. Und vielleicht ist auch das ganz von allein da, wenn Du den Zugang zu Deiner Quelle hast oder die Verbindung und diese Qualität in Deinem Alltag mehr und mehr erlebst. Diese Qualität, die jetzt in Deinem Garten ist. Und dann verabschiede Dich auf Deine Art von Deinem Garten – von Deinem Zaubergarten oder Deinem verwunschenen Garten mit dem Wissen, daß Du jederzeit hierher an diesen Ort kommen kannst – ganz einfach, indem Du daran denkst – und mit dem Wissen, daß Du jederzeit diesen Zustand oder diese Energie für Dich wieder erleben kannst, einfach nur, indem Du an diesen Ort denkst und an das, was hier für Dich wichtig ist. Nimm noch einmal wahr, daß Du der Schöpfer, daß Du die Schöpferin bist von all dem, was in diesem Garten für Dich da ist – daß Kreativität Dein Geburtsrecht ist – das Du jeden Tag in diesem Garten für Dich neu entdecken kannst. ...

Mit diesem Wissen verabschiede Dich von Deinem Garten und komm ganz mit Deiner Aufmerksamkeit hierher zurück in diesen Raum – ganz hierher – wo Du auf dem Boden liegst, und nimm wahr, was sich zuerst bewegen möchte – um ganz hier wieder anzukommen – vielleicht die Füße oder die Hände oder die Arme oder der Kiefer – und vielleicht kannst Du es unterstützen, indem Du Deine Hände zu Fäusten ballst und anspannst, um ganz hierherzukommen – ganz hierher zurück in diesen Raum mit Deiner ganzen Aufmerksamkeit und Energie – und vielleicht schon mit einer Idee, was Du heute noch machen möchtest oder worauf Du noch Lust hast – ob Du Dich noch einen Moment austauschen möchtest mit den anderen darüber, was Du erlebt hast oder ob Du noch etwas aufschreiben möchtest – oder etwas malen oder Dich bewegen – oder spazieren gehen – was es ist, was Du heute noch machen möchtest, jetzt ...

Dein Gesundheitszentrum

Ziel:
Gesund bleiben und werden, Selbstheilungskräfte aktivieren

Gruppengröße: ☺

Dauer:
25 Min.

Musik:
Dolphin dreams, A Sonic Environment for Meditation and Birth

Anmerkung:
Diese Gesundheitsreise soll die
Selbstheilungskräfte unterstützen
und ist für normal belastete Menschen unserer Zeit gedacht. Bei
Krankheit bitte immer einen Arzt
oder Heilpraktiker aufsuchen.

Anleitung:
Du kannst diesmal wieder eine Möglichkeit kennenlernen, um Deinen Körper zu
entspannen, indem Du den Unterschied zwischen Anspannung und Entspannung
wahrnimmst und damit beginnst, Deine Füße und Deine Waden für ca. zwei
Sekunden anzuspannen, jetzt – um dann wieder loszulassen – daß Du den Wechsel
zwischen Anspannung und Entspannung für Dich nutzt, tiefer und intensiver in
einen Zustand von Loslassen zu kommen. Spüre bewußt hinein in die Phase der
Entspannung.

Und dann kannst Du die Entspannung fortsetzen, indem Du beide Beine anspannst,
für einen kurzen Moment, jetzt – und wieder losläßt, wahrnimmst, ob sich schon
etwas verändert hat und wie die Beine schwerer und weicher geworden sind und
was Du vielleicht noch an den Boden abgeben kannst.

Und dann weiter die Beckenmuskulatur anspannen und die Pobacken zusammen-
kneifen, jetzt – und dann auch wieder loslassen, Unterschiede wahrnehmen und

mit Genuß all das loslassen, was Du jetzt noch in diesem Bereich loslassen möchtest. Und auch hier all das weicher und weiter werden lassen, damit Du Dich wohl fühlst und entspannt bist.

Und dann balle die Hände zu Fäusten und kneife die Fäuste ganz fest zusammen, festhalten, jetzt – und dann wieder loslassen. Nimm wahr, wie Deine Arme im Kontakt zur Erde sind und getragen werden, sicher und fest. Und dann spann beide Arme bis hin zur Schulter an, so fest, wie Du kannst, für einen kurzen Augenblick, die Anspannung kurz halten – und dann loslassen und entspannen. Nimm die feinsten Unterschiede wahr zwischen dem Anspannen und dem Loslassen. Spüre alle Empfindungen, die Dich in Deinem Zustand der Entspannung unterstützen.

Dann richte Deine Aufmerksamkeit auf Dein Gesicht, Deinen Hals und Deinen gesamten Kopf und spann auch hier Deine gesamte Gesichtsmuskulatur für einen kurzen Augenblick an – den Mund, die Wangen, den Bereich um Deine Augen, jetzt – und lasse dann mit Genuß los. Alles loslassen, weicher werden lassen – es einfach nur so sein lassen, wie es jetzt ist.

Und ganz zum Schluß spann alles noch einmal an – Deinen gesamten Körper und halte diese Spannung, bleib einen Augenblick in dieser Spannung, so daß Dein ganzer Körper gespannt ist, halte fest, jetzt – und laß dann mit dem Ausatmen los – mit Genuß – und konzentriere Dich auf Deine nächsten fünf Atemzüge, die jetzt folgen, und laß sie einfach fließen, so wie Dein Körper es jetzt braucht und laß Dich mit jedem Ausatmen ein kleines Stückchen mehr in den Boden sinken, so daß Du mit Deinem Atem, mit jedem Ausatmen mehr und mehr loslassen kannst und tiefer entspannen kannst. ...

Und während sich Dein Körper jetzt mit jedem Ausatmen weiter ganz selbstverständlich entspannen kann, kannst Du mit Deiner Aufmerksamkeit nach innen gehen, auf eine Reise zu Deinem Gesundheitszentrum – zu einem Haus oder Gebäude, das mitten in Natur eingebettet ist – an einen Ort, der für Dich die Verbindung zur Natur bedeutet, ein Ort, der die Umwelt darstellt für Dich und an dem Du die Pflanzen und die Tiere und die Luft hast, die Du Dir jetzt vorstellen möchtest. Und schau Dich um an diesem Ort, was alles da ist, welche Farben da sind, welche Formen und auch welche Töne und Geräusche dazugehören. Vielleicht merkst Du schon an diesem Ort, daß die Umwelt, der Ort, an dem Du Dich aufhältst, einen Einfluß auf Dein Wohlbefinden hat, auf Deine Verbindung zur Natur. Du kannst Dich umschauen an diesem Ort der Natur und Du weißt, daß dort ein Gebäude ist, ein Haus, das Dein Gesundheitszentrum ist, und Du begibst Dich zu Deinem Zentrum.

Laß Dich überraschen, wie Dein Gesundheitszentrum aussieht, wie groß es ist, welche Farbe es hat und was für einen Eingang. Und dann betritt Dein Gesundheitszentrum und geh in den ersten Raum. Laß Dich überraschen, was in diesem Raum für Dich zu finden ist. Es ist der Raum, in dem Du Dir Ratschläge holen kannst, wie Du Dich verhalten kannst, um entweder gesund zu bleiben oder gesund zu werden. Und es gibt in jedem der Räume die Möglichkeit, daß Du Dir Fragen stellen kannst und Dir innere Antworten kommen lassen kannst. Und in diesem ersten Raum kannst Du Dir die Frage stellen: Welche Verhaltensweisen unterstützen Deine Gesundheit und Dein Wohlbefinden?

Und zu den Verhaltensweisen könnten gehören Essen, Bewegung, Sport, Spaziergänge, Sauna. Laß einfach weitere Antworten kommen auf diese Frage, was kannst Du tun, um Dich wohlzufühlen – Deinen Körper zu entspannen – um im Alltag gesund zu bleiben. Dein Körper kennt vielleicht schon die Antworten. ...

Während die Antworten weiter kommen können und Dich in Deinen zukünftigen Verhaltensweisen weiter bereichern können, kannst Du jetzt weiter in den nächsten Raum gehen – in den Raum, in dem all die Fähigkeiten versammelt sind, die Dich darin unterstützen, Deine Gesundheit zu fördern, die Ressourcen in Dir zu wecken, Dich lebendig zu erhalten. Alle Fähigkeiten, die Du brauchst, um gesund zu bleiben – vital und lebendig. Und dann begib Dich in den nächsten Raum und schau Dich um, was hier alles da ist. Und während Du sehen kannst, was in diesem Raum schon alles da ist, kannst Du Dir innerlich die Frage stellen: „Welche Fähigkeiten unterstützen Dich, um gesund und vital zu sein und Dich wohl zu fühlen und lebendig zu sein und Dich so zu verhalten, wie es Dir gut tut?"

Welche Fähigkeiten hast Du schon und was kannst Du noch weiterentwickeln? – Fähigkeiten wie loszulassen – Dich zu entspannen – Dich zu motivieren oder Dich zu entscheiden, mit etwas Neuem anzufangen – oder etwas Bekanntes fortzuführen. Oder was Dir jetzt für Fähigkeiten einfallen, die Du gebrauchen kannst, laß sie Dir schenken in diesem Raum. ...

Und während sich auch hier die Ideen noch weiter sammeln können und Du alles von hieraus in die nächsten Räume mitnehmen kannst, begib Dich jetzt in den nächsten Raum in Deinem Gesundheitszentrum – in den Raum, wo Deine Glaubenssätze und Deine Werte sind, die Dich darin unterstützen, Dein Leben vital und lebendig, gesund und voller Lebensfreude zu leben.

Glaubenssätze sind Deine persönliche Sicht der Dinge, es sind Aussagen darüber, was Du über Gesundheit, Gesunderhaltung, Heilung, das Leben glaubst. Werte sind grundlegende Überzeugungen – was Dir wirklich wichtig ist. Und dann schau

Dich um in Deinem Raum, was bereits alles da ist, an Glauben und Werten, und was Dich jetzt unterstützen kann, Gesundheit zu erleben. Und Du kannst Dich in diesem Raum beschenken lassen, indem Du Dir innerlich die Frage stellst: „Welche Glaubenssätze und welche Werte unterstützen Dich, weiterhin gesund zu bleiben und im Einklang mit Deinem Körper zu sein?" Und laß Dich jetzt hier in diesem Raum beschenken, vielleicht sind es Glaubenssätze wie: „Du hast alle Ressourcen in Dir, um gesund zu sein und Dich zu heilen" oder andere. Laß Dich überraschen, welche es für Dich sind. ...

Und mit dem Wissen, daß Du wieder jederzeit in diesen Raum zurückkehren kannst, geh in den nächsten Raum – den Raum Deines Selbstbildes – Deiner Identität. Schau Dich um, wie es hier aussieht, was alles bereits da ist und was Du vielleicht gebrauchen kannst. In diesem Raum sind all die Vorstellungen von Deiner eigenen Person, die Dich zum Thema Gesundheit unterstützen können. Und dann stell Dir hier die Frage in diesem Raum: „Welche Identität, welches Selbstbild unterstützt Dich darin, gesund zu sein und zu bleiben, heil zu sein, im Einklang mit Dir und all Deinen Teilen?" Laß Dich überraschen, welche Identität Dir jetzt einfällt, welches Bild von Dir selbst hilfreich ist, um Dich gesund zu erhalten – gesund zu sein. ...

Und verabschiede Dich auch hier wieder von dem Raum mit dem Wissen, daß Du hierher jederzeit wieder zurückkehren kannst, und komm in den letzten Raum – den Raum, der den Sinn, die Quelle, die Zugehörigkeit beschreibt – der Raum, in dem alles verbunden ist, in dem die alles umfassende Kraft vorhanden ist, die den größeren Zusammenhang darstellt, und laß Dich überraschen, wie dieser Raum aussieht. Mach es Dir in diesem Raum ganz bequem, so daß Du zur Ruhe kommen kannst und laß die Stimmung, die Energie, das Licht in diesem Raum auf Dich wirken.

Und in diesem Raum ist all das vereint, all die Energie zum Heilen – Energie überhaupt – um Dich zu erinnern, was Leben bedeutet. In diesem Raum ist die unendliche Kraft. Und laß sie auf Dich wirken – spüre, wie Du diese Energie in Dich aufnehmen kannst und auf welche Art und Weise sie sich in Dir ausbreiten kann. Ob es ein Licht ist – ein Symbol – eine ganz spezielle Kraft, die Du spüren kannst oder was es jetzt für Dich ist.

Und genieße diesen Augenblick, in dem alles eins ist – in dem alle Teile miteinander verbunden sind – auch alle Teile in Deinem Körper miteinander in Verbindung sind – wo Du mit all dem, was ist, in Verbindung bist – Du vollständig bist – ganz bist – heil bist. Und dann laß diese Energie größer und intensiver werden und sich ausbreiten in Deinem gesamten Körper, daß jede Zelle in Deinem Körper von dieser Qualität weiß und sich daran erinnern kann, wenn sie es gebrauchen kann. ...

Und mit der Gewißheit, daß Du in diesen Raum – Deinen Raum –, das Zentrum Deiner Gesundheit, jederzeit zurückkehren kannst, verabschiede Dich jetzt auf Deine Art und Weise und finde Deinen Weg zurück durch Dein Gesundheitszentrum, so daß Du wieder an den Ort kommst, der außerhalb Deines Zentrums liegt – wo Du am Anfang in der Natur warst und schau Dich hier noch einmal um, ob Du etwas anderes wahrnimmst, ob sich etwas verändert hat. Schau Dich noch einmal um und behalte diese Bilder, die Du jetzt siehst, in Erinnerung. Und mit dem Wissen, daß Du jederzeit den Weg zu Deiner inneren Weisheit findest, verabschiede Dich von diesem Ort und komm mit Deiner Aufmerksamkeit wieder hierher zurück, indem Du beginnst, die Finger zu bewegen und mit jedem Einatmen den Brust- und Bauchraum mit frischer Energie auffüllst – die Dich wach macht und vital – und mit jedem Einatmen Frische und Energie in Dich hineinströmen läßt, die sich im gesamten Körper ausbreiten kann und jede Zelle in Deinem Körper vielleicht schon neugierig macht, was jetzt passiert und wie es weitergeht.

Und alles, was Du jetzt an Bewegungen machst, unterstützt Dich darin, wach zu werden und mit Deiner Aufmerksamkeit wieder in diesen Raum zurückzukommen. Und dann stell Deine Beine vielleicht schon mal auf. Und wenn Du Lust hast, kannst Du Deine Beine einmal auf die rechte, einmal auf die linke Seite rollen – ganz in Deinem Tempo. Und spür, was sich bereits jetzt alles in Deinem Körper mitbewegen möchte. Und Du kannst Deinen Körper mit jeder Bewegung wacher machen und mit der ganzen Aufmerksamkeit wieder hierher zurückkommen.

Dein inneres Kind lieben

Ziel:
Qualität von Geborgenheit und Liebe in sich integrieren, das innere Kind coachen

Gruppengröße: ☺

Dauer:
25 Min.

Musik:
Mike Rowland: Silver Wings

Anmerkung:
Die Aufarbeitung früher Kindheitserlebnisse kann uns helfen, bewußter und glücklicher zu leben. Wesentlich für den Erfolg ist es, die Verantwortung für die eigene Person zu übernehmen und uns jetzt all die liebevolle Zuwendung und Aufmerksamkeit zu schenken, die wir vielleicht gerne von anderen gehabt hätten.

Anleitung:
Mach es Dir auf dem Boden ganz bequem und überprüf noch einmal, was Du verändern kannst, um ganz gelöst und gelassen auf dem Boden zu liegen und die Zeit zu genießen – die Reise zu Deinem inneren Kind, um Dein eigenes inneres Kind zu coachen – was kannst Du jetzt noch machen, verändern, damit Du es wirklich ganz bequem hast? ...

Und dann leg beide Hände auf Deinen unteren Bauch und spür in Deine Atemräume hinein, indem Du mit dem nächsten Einatmen ganz in Deinen Bauch hineinatmest – gegen Deine Hände – mit dem Einatmen tief in Deinen Bauch – und dann den Atem lang und tief wieder hinausfließen lassen – loslassen –

einatmen in den Bauch – in den Bauchraum spüren – und mit dem Ausatmen fließen lassen – loslassen – den Atem wieder gehen lassen. ...

Und vielleicht kann Dich diese Art zu atmen und Deine Atemräume zu erspüren, darin unterstützen, jetzt ganz loszulassen und mit Deiner ganzen Aufmerksamkeit nach innen zu Dir zu gehen. Dann leg beide Hände auf die unteren Rippenbögen zur Unterstützung und laß mit dem Einatmen Deinen Atem bis in die unteren Rippenbögen fließen – und spür, wie Du durch den Atem hier aufmachen und weit werden kannst – und wie Du den Atem lang und tief fließen lassen kannst – ausströmen lassen kannst. Und was Dich dabei unterstützen kann in Deinem eigenen Rhythmus, ganz zu Dir zu kommen – Deine eigenen Atemräume wahr-zunehmen – Deinen Rhythmus zu spüren – Dich von Deinem Atem schaukeln zu lassen – ihn lang und tief fließen zu lassen, um damit ganz zu Dir zu kommen – nach innen. Und dann leg drei Finger direkt unter das Schlüsselbein, so daß Du die Lungenspitzen spüren kannst und nimm wahr, wie Du mit dem Einatmen hier diesen Atemraum spüren kannst – fühlen kannst, wie er sich und Dir Raum gibt – und was Du beim Ausatmen wieder strömen, fließen, loslassen kannst. Nach-spüren, wie Du Deine eigenen Atemräume füllst und wieder leer werden läßt – und Du weißt, daß das von ganz allein jeden Tag so weitergeht, ganz selbstver-ständlich, daß es Dich atmet in Deinem Rhythmus – Dich füllt mit Frische und Energie – Lebendigkeit und allem, was Du brauchst. Und daß Du alles das loslassen kannst, was Du loslassen möchtest – mit jedem Ausatmen – und spüren kannst, von wo aus die Entspannung sich in Dir ausbreiten kann – wie eine Welle. Und dann leg die Arme neben Deinem Körper ab, daß sie einen Platz finden, wo sie einen Moment ruhen können – und laß den Atem lang und tief fließen wie eine Welle und mit Deinem eigenen Atemrhythmus diese Welle formen und fließen lassen – durch Deinen ganzen Körper hindurch ...

Und während Dein Körper ganz von allein weiter entspannen und loslassen kann – all das lockern und lösen kann – und an den Boden abgeben kann, was Du jetzt loslassen möchtest – so wie jede Nacht – kann Dein Geist hellwach sein. Hellwach und sich mit Dir auf eine Reise begeben in die Vergangenheit, eine Reise zurück in Deine Kindheit – auf Deine Art – wie Du zurückgehst, vielleicht Geburtstagsparty um Geburtstagsparty, Fest um Fest, rückwärts in Deiner eigenen Vergangenheit – Dich treiben lassen – Erinnerung um Erinnerung, Geburtstagsparty um Geburts-tagsparty, rückwärts, an Deiner eigenen Zeitlinie zurück in Deine Vergangenheit – in Deine Kindheit ...

Erinnere Dich an das Haus, wo Du damals gewohnt hast – die Umgebung und wer da mit Dir gewohnt hat und erinnere Dich, wie die Zimmer waren – wo Du

Dein Spielzeug hattest – wo Dein Platz war – erinnere Dich, was für Dich das Wichtigste war, an diesem Ort bei Dir zu Hause, welche Farben Ihr hattet, welches Licht und was wichtig war – was bei Euch zu Haus erzählt wurde, was gesagt wurde, was Du hören konntest – was Du immer wieder gehört hast. Wie die Stimmen waren und die Stimmung. Und was es für ein Gefühl war, zu Haus zu sein – Deinen Platz zu haben – zu wissen, wo Du hingehörst. Zu wissen, was alles zu Dir gehört, ein Teil von Dir ist. Was Dir Sicherheit gibt – was Dir einen Rahmen gibt, eine Möglichkeit zu reifen – Dich zu entfalten. Erinnere Dich an den ganz speziellen Geruch bei Dir zu Haus.

Woran Du merken kannst, wissen kannst, daß Du zu Haus bist. Was es für Dich ist – woran Du erkennen kannst, daß Du jetzt daheim bist – bei Dir. In Deinem Kinderzimmer mit Deinem ganz speziellen Geruch, den Farben, Formen, Deinem Spielzeug – mit den Menschen, die Dir wichtig sind – mit allem, was für Dich dazugehört, zu Haus zu sein. ...

Schau Dir an, wie Du als Kind aussiehst – wie Du Dich bewegst – welche Mimik, welche Gestik zu Dir gehört – zu Dir als Kind, als Du noch relativ jung bist. Laß Dich zurücktreiben in Deiner Umgebung, in Deiner Zeit – in eine Zeit, wo Du noch relativ klein bist und schau mal, wie Du aussiehst – wie Du Dich bewegst – wie Du Dich anhörst – Deine Stimme und wie Du Dich fühlst. Vielleicht hast Du auch einen ganz bestimmten Geruch oder einen ganz bestimmten Geschmack. Und dann laß Dich zurücktreiben bis zu Deiner Geburt – Deiner Ankunft auf dieser Welt – und es ist egal – ob es so war oder anders. Du hast jetzt die Möglichkeit, als Erwachsener von heute mit all Deinen Fähigkeiten und Ressourcen und all Deinen Möglichkeiten, die Du heute hast – in dieses Zimmer von damals zu gehen und begrüße Dich selbst als kleines Kind auf dieser Welt. Gib Dir selbst das Willkommen auf dieser Erde in diesem Leben. ...

Und Du hast die Möglichkeit, hier so liebevoll zu sein wie es für Dich richtig ist – wie es für Dich wichtig ist – vielleicht so liebevoll wie Du es Dir immer gewünscht hast. Nimm den Kontakt zu diesem Baby auf – zu Dir – nimm es in den Arm und laß es wissen, daß Du jetzt da bist für dieses Kind – daß Du jetzt da bist, um Kontakt herzustellen, um Nähe herzustellen – daß Du jetzt für es sorgen wirst, ganz selbstverständlich – jeden Tag. Daß Du es lieben wirst – und halten und ihm die Geborgenheit vermittelst, die es braucht.

Nimm Dein Kind in Deinen Arm und gib ihm all die Liebe, die es braucht – all die Liebe, die Du geben kannst – und noch ein bißchen mehr – gib alles. ...

Und dann sag Deinem Kind auf Deine Art, mit Deiner Stimme, einer Stimme, so daß es Dir glauben kann, daß es willkommen ist auf dieser Welt. Sag ihm auf Deine Art: „Du bist willkommen hier – mir und der Welt – Du bist vollkommen, so wie Du bist." Und laß Dich überraschen, auf welche Art Du wahrnehmen kannst, daß Du in Verbindung bist und Rückmeldung bekommst – wie diese Verbindung ist – wie die Qualität dieses Kontaktes ist. Sag Deinem Kind: „Ich bin froh, daß Du ein Junge – ein Mädchen – bist, und es gibt schon einen ganz besonderen Platz für Dich. Ich liebe Dich ganz genauso wie Du bist, weil Du liebenswert bist – Du wirst geliebt – und Du bist Liebe."

Sag ihm: „Ich bin immer für Dich da – ab jetzt – und gebe Dir all die Zeit und Aufmerksamkeit und Geborgenheit, die für Dich richtig ist – es macht mir Freude, für Dich zu sorgen und Dich darin zu unterstützen, daß Du Deine Bedürfnisse wahrnimmst und ernstnimmst – es ist Dein gutes Recht, Deine Bedürfnisse zu haben und sie zu befriedigen."

Und sag Deinem Kind: „Du bist ein Wunder für mich und ein Geschenk für diese Welt. Du hast einen ganz wunderbaren Teil hier beizutragen zu diesem Miteinander in dieser Welt, ein Geschenk, das Du einfach nur weiterschenken kannst. Und geliebt zu werden ist Dein Geburtsgeschenk. Auf der ganzen Welt gibt es niemanden, der so ist wie Du – Du bist ganz einzigartig, und ich bin glücklich, daß Du hier bist."

Nimm wahr, wie der Kontakt, die Qualität Eurer Beziehung ist – nimm wahr, wie Du diese Verbindung spüren kannst. Laß einfach Deinen Gefühlen freien Lauf und teile Dir auf jede Art mit, daß Du glücklich bist, daß es Dich gibt. ...

Spür hinein, wie sich das anfühlt, in so innigem Kontakt zu sein mit Deinem Kind und wie es sich anfühlt, wenn Du Deinem Kind gegenüber Deine Liebe offen zeigst – und ihm all die Geborgenheit gibst, damit es dann in Freiheit spielen kann – ganz selbstverständlich sicher und reifer werden kann – und – wie glückliche, gesunde Kinder – spielen und mit Lust die Welt entdecken kann.

Und nimm die Qualität in Dich auf und laß sie einen Platz in Dir finden, einen Platz, wo Du weißt, daß diese Verbindung ganz innig da ist, ganz selbstverständlich – spürbar, wann immer Du sie spüren willst.

Dieses Gefühl von Liebe, von inniger Nähe, von zärtlicher Geborgenheit oder was es für Dich ist. Nimm diese Qualität in Dich auf und laß sie einen Platz finden, und mit dem Wissen, daß diese Qualität in Dir ist, kannst Du dieses kleine Kind wieder sich selbst überlassen, es spielen lassen, die Welt entdecken lassen, voller Lust all die Dinge machen lassen, was es jetzt gerne machen will, in der Gewißheit –

geborgen zu sein, sicher zu sein. Spür dieser intensiven Verbindung nach und laß das Kind seine Welt entdecken – lustvoll Neues kreieren, spielen, wachsen – reifer werden – größer. Und Du kannst als Erwachsener wieder dieses Kinderzimmer verlassen und mit dieser Qualität wieder zurückkreisen von Geburtstagsparty zu Geburtstagsparty, auf Deine Art, in Deine Zeit – jetzt. ...

Einfach wieder treiben lassen mit dieser Qualität, und mit dieser engen Verbindung wieder hierher treiben lassen – in die Gegenwart – und schauen, wie die Zukunft sich vor Dir auf einem Zeitstrahl erstreckt oder wie auf einem Lichtstrahl reitet oder Dich wie eine glanzvolle Zukunft erwartet und laß in Zukunft die Qualität, die Verbindung mit Deinem Kind, diese selbstverständliche Innigkeit mit hineinfließen. Vielleicht als Farbe, vielleicht als Licht, als Bild oder als Symbol – Ton oder Melodie – oder vielleicht als ein ganz bestimmtes Gefühl, was Du mitnehmen kannst in Deine Zukunft. ...

Und dann schließ das für heute ab, mit dem Wissen, daß es ganz selbstverständlich in Deiner Zukunft schon auf Dich wartet. Und komm mit Deiner Aufmerksamkeit ganz hierher zurück in diesen Raum. Und spür noch einmal Deinen Atemrhythmus – wie Dein Atem jetzt geht und bis wohin die Atembewegung in Deinem Körper geht. ...

Und Du kannst mit jedem Einatmen Frische in Dich hineinatmen – mit jedem Einatmen durch die Nase so eine leicht kühle Empfindung von Frische bis nach oben zwischen die Augenbrauen – und mit jedem Ausatmen all das loslassen, was jetzt noch losgelassen werden will – und mit jedem Einatmen Frische – Frische in Deinen Körper – Frische durch Deine Nase bis zwischen Deine Augenbrauen – Frische, die sich von da ausbreiten kann in Deinen ganzen Körper hinein. Mehr und mehr – weiter und weiter – mit jedem Einatmen mehr von dieser Frische – und mit jedem Ausatmen mehr und mehr ausbreiten – um ganz hierher zurückzukommen. Frisch und erholt – wie nach einem wunderbaren Schlaf.

Und vielleicht eine Bewegung oder Berührung machen, die Dich ganz hierher zurückholt mit Deiner Aufmerksamkeit nach außen.

Dein neues Selbstbild

Ziel:
Positives Selbstbild entwerfen, Selbstwert stärken, Selbstverwirklichung
leben

Gruppengröße: ☺

Dauer:
25 Min.

Musik:
Martin Buntrock: Romantic Winds

Anmerkung:
Wenn es in einer Phantasiereise Ärger, Angst oder Schmerz gibt, gilt es,
diese Gefühle wahrzunehmen und
anzunehmen, sich nachher mit einem Mitreisenden auszutauschen
und die Gefühle loszulassen, um
wieder frei zu werden für positive
Gefühle wie Freude, Liebe und Vertrauen.

Anleitung:
Mach es Dir vollständig bequem, so bequem, daß Du da für einige Zeit liegenbleiben
kannst. Spür in Dich hinein – was Du verändern kannst, um ganz sicher zu sein,
daß Du hier von dem Boden getragen wirst – und was Du tun kannst, um Dich
wohlzufühlen und diesen Prozeß zu genießen – was Du tun kannst, um Dich auf
diese Reise einzulassen. ...

Und was Du für Dich nutzen kannst als Unterstützung, um ganz zur Ruhe zu
kommen – und diese Reise zu machen in Deinen inneren Raum, um Dein neues
Selbstbild, Dein neues Selbstbewußtsein für Dich so zu gestalten, daß es für Dich
stimmt – daß es für Dich richtig ist – daß es Dich in dem unterstützt, was Du

wirklich willst in Deinem Leben. Und Du hast wie immer die Wahl, was Du tun magst, und Du kannst für Dich entscheiden, wie tief Du heute diesen Prozeß mitmachst – wie weit Du Dich heute darauf einläßt und was Du heute für Dich zuläßt – und möglicherweise heute neue Wege, neue Möglichkeiten entdeckst, mehr Du zu sein – erfolgreich Du selbst zu sein. Erlaube Dir die Schwerkraft zu spüren, wie sie Dich mit der Erde verbindet – und dadurch wahrzunehmen, wie Du sicher getragen wirst vom Boden – sicher wie jeden Tag, ganz selbstverständlich – einfach indem Du die Schwerkraft wahrnehmen kannst – spüren kannst, wie Du in Verbindung bist mit der Erde. Und alles, was Du jetzt loslassen möchtest, an die Erde abgeben kannst – loslassen – der Erde anvertrauen. ...

Und Du weißt, daß diese Reise nach innen zu Dir führt – in Deinen inneren Raum – Dich mit Deinen eigenen inneren Quellen – Deinen eigenen inneren Handlungsspielräumen bekanntmachen wird, während Dein Körper ganz entspannt da liegenbleiben und sich ausruhen kann – mehr und mehr – einfach an den Boden abgeben – durch die Schwerkraft mit der Erde verbunden – kannst Du in Gedanken die Reise nach innen antreten – die Reise nach innen zu Dir – in Deinen eigenen inneren Raum, zu dem Platz, den Du für Dich in Dir hast. Und laß Dich überraschen, auf welche Art Du den Weg zu Dir nach innen findest. Und was Dich darin unterstützen kann, ganz zu Dir zu kommen, ganz nach innen zu gehen – tiefer und immer tiefer – nach innen zu Dir, zu Deinem Raum. Vielleicht kannst Du Dir vorstellen, daß Du eine Treppe hinabgehst, von der Du weißt, daß sie zehn Stufen hat, die Du Stufe um Stufe – tiefer und tiefer zu Dir – tiefer und tiefer nach innen hinabgehen kannst – von eins nach zwei und spüren kannst, wie Du schon ein kleines bißchen tiefer bist – zur drei hinunter, mehr und mehr loslassen und nach innen kommen – zu vier, auf Deine Art wahrnehmen, wie Du tiefer loslassen kannst und – bei fünf schon spüren kannst, wie dieser Zustand von Entspanntsein, von Gelöstsein immer näher zu Dir kommt – nach sechs, tiefer wahrnehmen, wie Du diese Treppe hinab, immer tiefer zu Dir kommst – nach sieben mehr und mehr loslassen kannst – nach acht, um tiefer zu Dir – tiefer in Dein Inneres zu finden – nach neun, so daß Du Deinen tiefsten Punkt schon näherkommen spürst, Deinen tiefsten Punkt für heute, mit dem Du die Treppe beendest – nach zehn. Mehr und mehr loslassen kannst – lösen – um wahrzunehmen, wie es dort innen bei Dir jetzt aussieht – was alles für Dich hier wichtig ist – was Du hier wahrnehmen kannst – was Dich umgibt – und auf welche Art Du Deinen Weg zu Deinem Raum findest. Laß Dich führen auf Deinem Weg nach innen, zu Deinem Raum, auf Deine Art – ob es durch ein Licht ist – durch einen Ton – eine Melodie – oder ein Gefühl – vielleicht einen Geruch – oder einen Geschmack. Laß Dich führen zu Deinem inneren Raum, zu dem Raum, den Du für Dich so gestaltet hast, wie er für Dich richtig ist. ...

Und nimm wahr, auf welche Art Du Zugang zu Deinem Raum findest, ob Du durch eine Tür gehst oder durch eine Öffnung, ob es ein Portal ist oder ob Du einfach mitten in Deinem Raum bist und woran Du erkennst, daß dieses ein ganz besonderer Raum ist – Dein Raum. Und dann nimm wahr, was in diesem Raum das ganz Besondere ist – was ihn zu Deinem Raum macht – wie die Umgebung ist, die zu Dir paßt – wie Du diesen Raum gestaltet hast, mit all den Farben und Formen, mit dem Licht, was für Dich dazugehört – mit den Tönen und Klängen – der Stille – mit dem Material und der Temperatur – mit all dem, was Dich da berührt, was die Atmosphäre schafft, die in Deiner Umgebung herrscht. Nimm wahr, was für Dich alles dazugehört – in welchem Rahmen Du Dich bewegst – wie Du in Wechselwirkung mit Deiner Umgebung bist – wie Du Deinen Raum ausfüllst. Und was hier wichtig ist, damit Du Dich hier wohlfühlst ...

Und neugierig kannst Du Dich umschauen, wo Du einen Spiegel findest, in dem Du sehen kannst, wie Du in Deinem Raum auf Dich selber wirkst. Wahrnehmen kannst, wie Du in Deinem Raum aussiehst – wie Du Dich bewegst – wie sich Deine Stimme anhört – Dein Lachen – was für eine Atmosphäre Dich umgibt – und wo Du in Berührung bist mit Deiner Umgebung. Und was für Dich dazugehört an Geschmack – und wie Du duftest – nimm wahr, auf welche Art Du in Deine Umgebung paßt und was Du verändern möchtest, damit es für Dich ganz stimmt. Und Du hast jetzt eine Minute Zeit, um zu tun, was Du jetzt tun möchtest, um Deine Umgebung so zu verändern, daß sie zu Dir paßt. Mit all Deinen kreativen Möglichkeiten. Und Du kannst dort umbauen, neu streichen, neue Farben, neue Formen, neues Licht entwickeln, Klänge und Geräusche, Töne und Melodien, Du kannst neues Material erfinden und die Temperatur verändern, lüften oder einen Duft dort hereingeben – ganz nach Deinem Geschmack.

Und in all diesen Ecken wirst Du noch kleine oder große Bereiche finden, die jeweils für wichtige Bestandteile in Deiner Persönlichkeit stehen. Beginne neugierig zu entdecken – die erste Ecke ist der Bereich des **Verhaltens**, wo alle Deine Verhaltensmöglichkeiten, alle Deine Varianten, wie Du Dich in Wechselwirkung mit Deiner Umgebung verhalten kannst, all Deine Gewohnheiten und Muster, zu entdecken sind. Laß Dich überraschen, was Du gerne aufräumen möchtest. In Deinem Verhalten – so wie Du handelst – so wie Du Dich gibst – so wie Du mit anderen Dein Leben gestaltest. Nimm wahr, auf welche Art und Weise Du diese Vielfalt erkennen kannst und wie Du für Dich da Ordnung schaffen kannst – und das verändern kannst, was Du gerne verändern möchtest. Und wenn Du das für Dich verändert hast, wie es dann für Dich aussieht – und sich anhört – und sich anfühlt – und welche Kriterien Dich sicher machen, daß Du dieses Verhalten geändert hast.

Und mit diesem Wissen, daß Du da jederzeit wieder etwas verändern kannst, schau Dich noch einmal neugierig um, vielleicht kannst Du eine Unterstützung für dieses neue Verhalten in einem anderen Bereich entdecken. Denn in Deinem Raum gibt es eine Ecke, wo all Deine **Fähigkeiten**, all Deine Talente, Deine Ressourcen für Dich zugänglich sind. Laß Dich überraschen, wie es in dieser Ecke aussieht – was es da zu hören gibt – was Dich in dieser Ecke berührt oder was Deine Fähigkeiten für Dich spürbar macht. Und welche Fähigkeiten Du hast, die dieses neue Verhalten von Dir unterstützen könnten, sicher machen oder ganz von allein entstehen lassen. Laß Dich überraschen, welche Fähigkeiten und Ressourcen Du hier wieder ent-decken und neu entdecken kannst – einfach indem Du Deine Fähigkeiten wahr-nimmst – auf Deine Art. Und Deine Fähigkeiten dadurch schon klarer werden und Dich darin unterstützen, mehr und mehr erfolgreich Du selbst zu sein, während es für Dich mehr und mehr stimmt – in Deinem Selbstbild – in Deiner Einschätzung von Dir selbst und was Dich darin unterstützt, mehr und mehr von dem zu leben, was Du gerne leben möchtest.

Je mehr Du Deine Ressourcen wahrnimmst, desto leichter kannst Du neue Fähig-keiten entdecken, weiterentwickeln – alte Fähigkeiten ausbauen – mehr werden lassen – um wirklich alle Deine Ressourcen zu nutzen, um mehr Du selbst zu sein. Mit all dem Mut – zu dem zu stehen, was Du wirklich willst – und zu dem, wer Du wirklich bist. Jeden Tag.

Und wieder kannst Du Dich neugierig in Deinem Raum umschauen und den nächsten Bereich entdecken – den Platz in Dir, in Deinem Raum, wo all Deine **Glaubenssätze und Werte** sind – wo alles das gesammelt ist, warum Du meinst, daß es sich lohnt etwas zu tun – was Du glaubst über diese Welt und wie sie beschaffen ist. Und laß Dich überraschen, was an diesem Ort, in Deinem Raum, auf Deine Art für Dich gesammelt ist. Was Du für Dich in Deinem Raum entdecken kannst an Glauben und Vorstellungen über die Welt – an Werten, die Du im Laufe Deines Lebens als wichtig erachtet hast, als wichtig angenommen hast – und welche Dich bereits darin unterstützen, die Person zu sein, die Du bist und was Du für Dich noch verändern kannst, um mehr zu leben von dem, was Du wirklich leben möchtest.

Was ist es für Dich, was Du hier verändern kannst oder ausweiten oder noch klarer werden lassen kannst, vielleicht in Deinen Vorstellungen von der Welt – vielleicht in Deinen Werten, um Deine Fähigkeiten zu leben.

Und Du hast jetzt die Möglichkeit, alles so zu verändern, hier in diesem Raum – in Deinem Raum – daß es Dich unterstützt, mehr Du selbst zu sein. Um das dann wieder abzuschließen mit dem Wissen, jederzeit hier etwas verändern zu können, wenn es für Dich wichtig oder richtig ist, und in diesem Raum zu erkennen, wo der Platz ist für Deine Identität. Und auf welche Art Du diesen Bereich erkennen wirst – Deine **Identität** – alles das, was Du über Dich selbst denkst, alles, was Du von Dir glaubst, das Du bist oder was Du nicht bist.

Laß jetzt all die Ideen kommen – was Dich in Deiner Identität unterstützt – Du zu sein – so zu sein, wie Du gerne leben möchtest – das zu leben, was Du gerne leben möchtest – erfolgreich Du selbst zu sein. Und was es für Dich ist – was Du noch tun und verändern kannst oder von Dir glauben kannst, was Dich darin unterstützen wird – mehr und mehr – jeden Tag – genau das umzusetzen – zu erschaffen in Deinem Leben, was Du gerne erschaffen möchtest.

In dem Wissen, daß Du jederzeit auch hier das verändern kannst, was Du brauchst, um Dich zu unterstützen – das verändern kannst, was Dich genau dahin bringt, wo Du hinmöchtest in Deinem Leben – um diese Identität zu leben – jeden Tag – kannst Du Dich verabschieden und den Platz entdecken, wo Deine **Quelle** ist, wo für Dich der Zustand des absoluten Seins oder Eins-Seins mit dem Universum ist – wo Dein Ort ist, an dem Du weißt, daß Du in einem großen, übergeordneten Sinnzusammenhang geborgen und sicher bist. Und nimm wieder wahr, auf welche Art Du diesen Ort in Deinem Raum entdecken kannst – auf welche Art Du weißt, daß dies der Ort ist, wo Du Zugang, Verbindung mit Deiner Quelle hast – wo Du geborgen bist in diesem großen, sinnhaften Zusammenhang – wo Du weißt, daß Du ganz Du und in Dir bist – und selbstverständlich geborgen und getragen und aufgehoben.

Und was in diesem Bereich – an diesem Ort, wo diese Verbindung ganz deutlich und stark ist – den Kontakt noch intensiver werden läßt – ob es das Licht ist oder die Farben – ob es eine ganz bestimmte Art von Stille ist oder ein Klang oder vielleicht eine Melodie – vielleicht etwas, was Du Dir sagst – und wie Du diese Verbindung spüren kannst – vielleicht ein Fließen oder ein Strömen – oder ein Pulsieren oder auf welche Art Du Deine Quelle wahrnehmen kannst – geborgen – eingebettet und – ganz Du selbst – mehr und mehr entdecken kannst, welche Schätze Du bereits in Dir hast – was bereits alles in Dir vorhanden ist – was Lust hat, gelebt zu werden – was in Dir an Ressourcen noch weiter entfaltet werden möchte – was in Dir bereits auf Umsetzung hofft und wartet – was Dich ganz lebendig und voller Lust das Leben gestalten läßt.

Und mit dem Wissen, daß Du diese Verbindung zu Deiner Quelle jederzeit für Dich wieder neu beleben kannst – immer wieder jeden Tag diese Verbundenheit her-

stellen kannst, einfach indem Du daran denkst – schau Dich noch einmal in
Deinem Raum um, den Du für Dich geschaffen hast – in Deiner Umgebung, wo
Du für Dich Schöpfer/Schöpferin bist – wo Du kreativ alles verändern kannst, so
daß es für Dich stimmt und zu Deinem Selbstbild paßt – zu Deinem Selbstwert –
wo Du Dich selber wertschätzen kannst – wo Du weißt, daß Du liebenswert und
wichtig bist, für Dich. Schau Dich um in Deinem Raum, was alles für Dich da ist,
was alles Dich unterstützt, ganz erfolgreich Du zu sein – mehr und mehr. Und auf
welche Art Du jetzt in Deinem Spiegel Dich selber sehen kannst – wie Du Dich
bewegst – wie Du aussiehst – Deine Gestik – Deine Mimik – mit all dem, was
dazugehört, an Haltung, an Grazie – mit all dem, was dazugehört an Lachen –
oder wie sich Deine Stimme anhört – mit all dem, was Du an Atmosphäre schaffst
in Deinem Raum – und wie Du andere berührst – oder selbst berührt wirst – wie
Du Verbindung herstellst mit anderen Menschen, auf Deine Art – nimm wahr,
was alles dazugehört und woran Du erkennen kannst, daß Du Dich selber
wertschätzt und das in Resonanz gehen kann mit anderen Menschen – daß andere
Dich wertschätzen können – weil es in Dir ein Ja dazu gibt. Ein Ja zu Dir – zu
respektvollem Umgang und Wertschätzung Deiner Person – so daß andere mehr
und mehr Dir gegenüber genau das an Verhalten zeigen – an Wertschätzung zeigen
können, was in Resonanz geht mit Deinem inneren Kern – was in Resonanz geht
mit Deinem inneren Raum, wo Freiheit genau dafür ist. ...

Und mit dem Wissen, daß Du jederzeit alles so für Dich einrichten kannst, daß es
Dich unterstützt, verabschiede Dich und komm auf dem Weg, auf dem Du hierher
gekommen bist, zurück – geh auf diesem Weg zurück – bis Du wieder an den Fuß
der Treppe kommst – von der Du weißt, daß sie zehn Stufen hat, und Du weißt,
daß Du diese Stufen nach oben gehen kannst – von zehn nach neun – mehr und
mehr wach werden kannst – nach acht und ganz hierher zurückkommen kannst
mit Deiner Aufmerksamkeit in Deinem Körper – nach sieben und spüren kannst,
wie Du da liegst – nach sechs und schon wahrnehmen kannst, was es zu hören
gibt, an Musik – oder meine Stimme und was sich verändert hat – nach fünf, um
Dich selbst zu berühren mit einer kleinen Berührung – nach vier, die Dich ganz
hierher zurückholt und vielleicht auch einen tiefen Atemzug kommen lassen – nach
drei oder ein Räkeln oder Gähnen, um ganz hierher zu kommen – nach zwei und
dann schon neugierig sein, was Du heute mit dieser Energie anfangen kannst, um
wieder ganz außen zu sein – nach eins – Hier und Jetzt.

Selbstwert

Ziel:
Sich selbst als wertvoll und liebenswert erleben, Identität stärken

Gruppengröße: ☺

Dauer:
30 Min.

Musik:
Deuter: Land of enchantment

Anmerkung:
Sich selbst annehmen, bedeutet, sowohl Stärken als auch Schwächen
in sich zu akzeptieren.

Anleitung:
Setz Dich bequem hin, nimm einen tiefen Atemzug und entspanne Dich. Erinnere
Dich daran, wann Du das letzte Mal vollständig losgelassen hast – Dich entspannt
hast. Und erlaube Dir auch dieses Mal, wieder vollständig loszulassen.

Während Dein Körper dies ganz von allein tut, beginne Dir vorzustellen, wie Du
einen Weg entlanggehst – einen Weg, den Du kennst – einen Weg, der Dir vertraut
ist – einen Weg, den Du gern gehst, wenn Du ihn gehst, einen Weg in der Natur,
bei angenehmem Sommerwetter. Während Du auf diesem Weg voll Freude und
Spaß entlanggehst, bemerkst Du einen neuen Weg, Du bemerkst ihn, weil er in der
Sonne glitzert. Während Du näherkommst, stellst Du fest, daß dieses Glitzern von
Edelsteinen und schönen Metallen herkommt. Du fühlst Dich auf diesen Weg
gezogen, fast so, als ob ein Magnet Dich weiter- und weiterzieht. Du spürst, wie
Deine Kraft und Energie steigt, während Du auf diesem langen Weg entlanggehst
und Du Deiner eigenen Melodie lauschen kannst. ...

Am Ende des Weges bemerkst Du ein Licht, ein strahlendes helles Licht, das Dich
anzieht in einer ganz bestimmten Farbe – einer Farbe, die Du liebst, die Dich
neugierig macht und näher und näher auf dieses Licht hinzieht. Je näher Du diesem

Licht kommst, desto mehr bemerkst Du, welche Farbe es hat und die ganz bestimmte Lichtqualität. Indem Du in dieses Licht eintauchst, erlaube Dir ganz und gar, Dich von dem Licht einhüllen zu lassen, Dich umfließen zu lassen, einhüllen zu lassen und Dich geborgen zu fühlen. Fast ist es so, als ob Du schon einmal hier warst – ein neues Gefühl und doch ist es Dir vertraut. Laß Dich von dem Licht reinigen und erlaube ihm, daß es in jede Zelle Deines Körpers – in jeden Winkel Deines Körpers und Deines Geistes kommt, daß es Dich reinigt und daß es Dich anfüllt. Laß Dich ganz von diesem Licht umhüllen, laß Dich ganz geborgen sein in diesem Licht, Dich anfüllen und Deinen Körper und Geist heilen und reinigen. Spüre, wie es jede Zelle in Dir reinigt und anfüllt mit diesem Licht und dieser ganz speziellen Farbe, in Deiner Farbe. Genieße den Klang, der dieses Licht begleitet und gib Dich der Melodie ganz hin. Während Du aus diesem Licht und Klang hinaustauchst, befindest Du Dich in einer neuen Realität, in einer Realität, in der alle Gegensätze vereint sind, in der alle Elemente in perfekter Harmonie zusammenspielen. Der klare blaue Himmel verschmilzt mit der Dunkelheit. Sonne, Sterne und Mond spielen zusammen ein perfektes Spiel. Tiere und Pflanzen leben zusammen in Harmonie und Eintracht. Erlaube Dir, in dieser Schönheit Dich umzuschauen und zu genießen, wie alle Elemente, wie Feuer, Wasser, Erde und Luft vereint sind und in Frieden und Harmonie miteinander existieren.

Während Du in dieser wunderschönen neuen Realität den Frieden und die Harmonie genießt, begegnest Du Deinem höheren Selbst. Ohne jede erkennbare Form und doch eine klare Erscheinung – eine Persönlichkeit, die Du kennst und die Du liebst – eine Persönlichkeit, der Du vertraust – eine Persönlichkeit, die Dir schon oft in Deinem Leben mit gutem Rat geholfen hat und von der Du weißt, daß Du ihr ganz und gar vertrauen kannst. Dein höheres Selbst führt Dich jetzt – führt Dich zu einem Palast, der ganz und gar in diese märchenhafte Umgebung paßt. Voller Neugierde und Vertrauen gehst Du auf die Eingangstür zu und findest Dich wieder in Deinem Raum – in Deinem Raum, in dem Du Dich zu Hause fühlst – Deinem Raum, den Du für Dich erschaffen hast, damit Du Dich darin ganz geborgen und sicher fühlst. ...

In der Ecke entdeckst Du einen Sessel – Deinen Sessel, der Dich anzieht und in dem Du Dich schon oft entspannt hast. Setz Dich nun in Deinen Sessel hinein, mach es Dir ganz bequem. Nimm nun Kontakt zu dem Teil von Dir auf, der Dich genauso gut kennt wie Du selbst, der Teil, von dem Du glaubst, daß er Dein alter Widersacher ist, der Teil, der alle Deine Ängste und Unsicherheiten kennt und sie manchmal gegen Dich benutzt. Genau dieser Teil, der Dir mit Macht und Tücke immer genau dann auflauert, wenn Du nicht damit rechnest, der Dich angreift, und es scheint so, daß er dies das ganze Leben lang tut – wo Du Dich manchmal fragst: Wer ist er? Wie kommt es, daß er soviel über mich weiß? Warum sagt er mir immer genau das, was mit mir nicht stimmt? Sind es meine verinnerlichten Eltern? ...

Nimm Kontakt mit diesem Teil auf – er ist niemand anders als Du selbst. Dies ist der Teil Deines Bewußtseins, mit dem nur wir Menschen beschenkt sind. Es ist der Teil, der Dich dazu bringt, nach dem Höchsten in Dir zu streben – zu Selbstverwirklichung und Meisterschaft. Dieser Teil ist Dein Lebenstrainer – er ist Dein Freund. Wenn Du versuchst ihn zu besiegen, dann besiegst Du Dich selbst. Er hilft Dir, genau das zu werden, wozu Du wirklich imstande bist. Danke ihm – danke ihm, daß er Dir nicht gestattet, Dich mit Mittelmäßigkeit zufriedenzugeben. Öffne Dich für ihn und umarme ihn. Mach diesen Teil Deiner selbst zu Deinem Freund. Du wirst einen Verbündeten haben, einen großartigen mächtigen und intelligenten Kameraden, der Dich dabei unterstützt, Überfluß, Reichtum und Freude zu erschaffen. Bedanke Dich – bedanke Dich auf Deine Art – öffne Dich ihm und umarme ihn. Dann wirst Du ganz vollständig sein. Spüre, wie die Trennung zwischen Dir und ihm überwunden wird und Ihr vollständig werdet – wie Ihr eins werdet. Und plötzlich werden die Worte wie: „Du könntest besser ...“, oder: „Nächstes Mal wirst Du Dich wirklich ganz dafür einsetzen ...“ – all diese Worte werden nicht mehr Selbstverdammung sein, sondern Du wirst sie willkommen heißen – als Rat von einem Meister, der Dein Bestes kennt – Dich selbst. Während Du diesen Teil umarmst, wirst Du mehr im Licht stehen. Du kannst Dich jetzt mit Deinem Freund verbünden, ihn umarmen. Es gibt keinen anderen, es gibt nur Dich. Und Du bist das Licht. Umarme es und verabschiede Dich. Und lehn Dich zurück in Deinem Sessel und laß eine Bühne und eine Garderobe erscheinen. Du hast jetzt die Möglichkeit, eine Situation zu erschaffen, in der Du Dich total lieben kannst – eine Situation zu erschaffen, in der Du Dein liebenswertes, liebevolles Du vollständig ausdrückst, in der Du Deine Selbstachtung zeigst und Dich selbst würdigst. Geh hinüber zu Deiner Garderobe und wähle das passende Gewand aus, das passende Gewand, in dem Du selbstbewußt bist und in dem Du Dich selbst wertschätzt. Wähle ein Outfit, das Dir Kraft und Energie verleiht. Und während Du es anziehst, spüre, wie Deine Energie und Deine Kraft sich Deinem neuen liebenswerten Du vollständig angleichen – Du Dein neues liebenswertes Du wirst.

Gehe dann hinüber auf Deine Bühne und erschaffe eine Szene mit all Deinen selbstbestimmten Werten, in der Du Dein liebenswertes liebevolles Du darstellst, kreierst, erschaffst, veränderst und erlebst. Und denke daran, auf Deiner Bühne ist alles möglich und Du bestimmst, was für Dich richtig ist. Erschaffe die Szene mit all den Formen und Farben mit diesem ganz bestimmten Licht, was für Dich dazugehört – mit all den Tönen und Geräuschen, so wie sie für Dich stimmen, und genau der Temperatur und Deinen Düften und Gerüchen, die für Dich richtig und angenehm sind. Erschaffe so viele Details wie möglich, wo Du genau Dein liebenswertes Du darstellst – selbstbewußt und erfolgreich – ganz Du, mit all dem, was für Dich dazugehört, und all den Bewegungen, die für Dich wichtig sind – die genau das ausdrücken, Dein liebenswertes Du. Und laß auch andere Leute dazukommen, andere Menschen, die Dir wichtig sind, und erlebe, wie es ist, wenn Du mit anderen bist – selbstverständlich Du – ganz selbstverständlich liebenswert. Erlebe, wie es mit jedem anders ist, und doch mit jedem so, daß Du Dein liebenswertes liebevolles Du ganz ausdrückst, ganz darstellst und erlebst. Und überprüfe auch nochmal, ob alles ganz genau so ist, wie Du es möchtest und ob sich auch jeder wohlfühlt. Für manche wird es nicht so wichtig sein, aber bei den meisten Menschen, die Dir wichtig sind, ist es notwendig, daß auch sie sich wohlfühlen mit Dir. Überprüfe, ob Ihr Euch alle wohlfühlt. Und vielleicht möchtest Du noch etwas verändern, so daß es ganz für Dich stimmt, daß Du Dein selbstbewußtes, liebenswertes Du sein kannst, liebevoll mit anderen. Nur, wenn Du Dich auch mit anderen wohlfühlst und Dein liebenswertes Du sein kannst, wird es sich auch im Alltag für Dich bewähren – öfter und mehr da sein. Überprüfe, ob es Euch allen gut geht, und dann beginne zu feiern. ...

Feiere Dein neues liebenswertes selbstbewußtes Du.

Feiere Dich und bemerke einfach, was für Dich dazugehörst zum Feiern – um Deine Freude auszudrücken – Deine Freude über Dich und daß es Dich gibt, und daß es Dich genauso gibt, wie es Dich gibt. Steig hinein in Dich auf der Bühne und erlebe, was es für Dich bedeutet, zu feiern – Dich selbst zu feiern und auszudrücken – Dich selbst zu lieben.

Liebe Dich und komm hinunter von Deiner Bühne und feiere weiter in Deinem Raum, bewege Dich durch Deinen Raum und spüre, wie Du Dich vielleicht jetzt anders bewegst – daß Du eine andere Energie hast und Dich anders fühlst – feiere in Deinem Raum mit all den Menschen, mit denen Du feiern möchtest, und mit diesem Gefühl, mit diesem Gefühl des Feierns und der Gewißheit, daß Du Dich selbst lieben kannst, verlasse Deinen Raum und nimm genau dieses Gefühl mit in Deine neue Realität, mit in Deine Umgebung und Deinen Alltag.

Und finde Dich wieder in Deiner neuen Realität – in der Realität, in der alle Gegensätze vereint sind. Bemerke den klaren blauen Himmel, der mit der Dunkelheit verschmilzt, wie Sonne, Sterne und Mond zusammen ein perfektes Spiel spielen, nimm wieder all diese Schönheit wahr, all die Harmonie und den Frieden, die von dieser neuen Realität ausgehen. Bemerke auch wieder das Licht in dieser ganz speziellen Lichtqualität, in dieser ganz speziellen Farbe – in Deiner Farbe – das Dich anzieht, und laß Dich ganz in dieses Licht hineintauchen, laß Dich wieder von dem Licht umhüllen und anfüllen, daß es in jede Zelle Deines Körpers, in jede Zelle Deines Geistes kommt, daß es Dich ganz reinigen und mit Licht anfüllen kann. Nimm den Klang wahr, der zu diesem Licht gehört und erlaube Dir wieder, in diesem Licht loszulassen, Dich dem Klang hinzugeben und fühle Dich geheilt.

Und indem Du wieder aus dem Licht hinaustauchst, finde Dich wieder auf Deinem neuen Weg, auf Deinem Weg, der in der Sonne glitzert – spüre, wie Deine Kraft und Energie steigen, während Du auf diesem Weg entlanggehst. Gehe in dem Bewußtsein, daß Du Deinen Raum erschaffen hast – Deinen Raum, in dem Du Dich selbst erfahren kannst, in dem Du Dein neues Selbst darstellen und erleben kannst, in dem Du alles ausprobieren kannst, was Du Dir wünschst und vorstellst. Gehe in dem Bewußtsein, daß Du Dir Deinen Platz erschaffen hast, indem Du Dein neues Selbst erfahren, erkennen kannst – indem Du Dich selbst lieben kannst. Während Du weitergehst, finde Dich wieder auf dem Weg, den Du gut kennst – der Weg, der Dir vertraut ist – auf dem Weg, den Du gern gehst, wenn Du ihn gehst. Und komme langsam in diese Realität zurück – vielleicht mit der Erinnerung an Deine ganz persönliche Melodie und Deine ganz eigene Art zu feiern.

Lebensaufgabe

Ziel:
Ressourcen stärken, Lebensaufgabe
entdecken, Teamgeist fördern

Gruppengröße: ☺

Dauer:
25 Min.

Material:
Decken

Anmerkung:
Gemütlicher, ruhiger, großer, warmer Raum

Anleitung:
Mach es Dir auf dem Boden ganz bequem, und Du hast wie immer die Wahl – Du
kannst entscheiden, ob Du jetzt Deinen eigenen Gedanken nachhängst und Dir
Ideen kommen läßt, was wohl Deine Lebensaufgabe sein könnte, was Dein Beitrag
ist zu einem friedlichen Miteinander, was Dein Beitrag ist auf dieser Erde, was Dein
Part ist, den Du dazu beitragen kannst, daß die Lebensqualität aller ein klein wenig
steigt – Du hast die Wahl, ob Du jetzt einfach nur daliegst und der Musik lauschen
magst und Dich mitnehmen läßt in einen Zustand von Entspannung, von Gelöstsein, von Loslassen oder ob Du meiner Stimme folgen magst und all den
Assoziationen, die sie bei Dir weckt. Spür hinein, wie Du heute daliegst und wie
Du Kontakt mit der Erde hast, wie Du in Verbindung mit der Erde bist – der Erde,
die es Dir ermöglicht, jeden Tag zu handeln – sicher, daß der Boden Dich trägt und
daß Du die Möglichkeit hast, Deine Träume wahr werden zu lassen, Deine Ideen
umzusetzen, zu handeln und Deine Visionen hierher zu bringen, in Deinen Alltag,
jeden Tag. Nimm wahr, was Du alles an den Boden abgeben kannst und abgeben
willst, loslassen, einfach hinter Dir lassen, als wenn Du es mit jedem Ausatmen ein

wenig tiefer in den Boden sinken lassen kannst – mit jedem Ausatmen mehr loslassen, mehr an den Boden abgeben. Und die Kraft der Erde spüren, um Dich zu erinnern, was alles die Erde Dir schenkt, ganz selbstverständlich jeden Tag. Und indem Du die Schwerkraft spüren kannst und wie sie Dich mit der Erde verbindet, kannst Du Dich lösen und in Gedanken in die Luft emporschwingen und mit dem Wind spielen, Dich mitnehmen lassen, leicht werden lassen und in Gedanken an einen Ort in der Natur gehen, einen Ort in der Natur, wo Du schon Ruhe und Frieden erlebt hast – einen Ort, wo Du ganz selbstverständlich Du bist – wo Du weißt, daß Du Teil der Natur bist – ein Ort, wo Du dazugehörst, ganz selbstverständlich ein Teil bist – wo Du weißt, daß Du willkommen bist und wertgeschätzt wirst – wo Du nur so zu sein brauchst, wie Du bist – wo Du alles ablegen kannst, was Du ablegen möchtest, und nur Du sein kannst – Du selbst. Und mache es Dir an diesem Ort ganz bequem, so bequem, daß Du die Umgebung und dieses Eingebettetsein in die Natur so genießen kannst, wie es heute für Dich stimmt. Mache es Dir an diesem Ort ganz bequem und nimm wahr, welche Elemente Dich unterstützen, ganz bei Dir zu sein. Was ist es genau, was Dir hilft, ganz bei Dir zu sein, Dich ganz im Einklang mit der Natur zu fühlen – was ist es, was an diesem Ort diese besondere Atmosphäre ausmacht – diese Atmosphäre von Geborgenheit, von Sicherheit, von Getragensein? Nimm wahr, was für Dich dazugehört an Farben, an Formen, welche Bewegungen und welche Töne und Klänge, vielleicht eine ganz bestimmte Art von Stille oder Stille in Dir, vielleicht ein ganz bestimmter Geruch oder Geschmack oder eine ganz einzigartige Berührung oder Bewegung. Was ist es, was dieses Gefühl von Aufgehobensein noch intensiver macht, so daß Du es ganz deutlich spüren kannst – und wo in Deinem Körper dieses Gefühl von Ruhe, von Geborgenheit, von Sicherheit beginnt – von wo in Deinem Körper es sich ausbreiten kann in Deinem eigenen Tempo. Spür, wo es beginnt und wie es sich dann weiter ausbreitet wie eine Welle, so daß es mehr und mehr Deinen ganzen Körper ausfüllen kann bis in jede Zelle, bis überall hin, bis in Deine Zehenspitzen oder Deine Fingerspitzen oder Deine Haarspitzen. Und während sich das ganz von allein weiter ausbreiten kann in Dir, Dich anfüllen kann mit einem Gefühl von Leichtigkeit, vielleicht mit einem Licht in Deiner ganz speziellen Farbe oder vielleicht mit einem Klang, Du kannst wahrnehmen, ob es eher ein Fließen ist oder ein Strömen oder ein Prickeln oder Pulsieren und Du kannst Dich erinnern an eine Zeit, in der Du Deine Energie voll gespürt hast – in der Du Deine eigenen Grenzen verändert hast, ausgetestet, überschritten hast – neue Wege gegangen bist, Neues ausprobiert hast.

Erinnere Dich an eine Zeit, in der Du so neugierig warst, eine Aufgabe zu erfüllen, etwas Neues zu kreieren, daß Du Dich ganz hingegeben hast – Deine persönliche

Bestleistung, ganz selbstverständlich angestrebt hast – ganz selbstverständlich alles gegeben hast. Und erinnere Dich, welche Werte dabei wichtig waren, ob da Freude oder Liebe dabei war, Vertrauen, Sicherheit oder Abenteuer, was es für Dich ist, was Dich lockt, was Dich motiviert, was Dich in Bewegung setzt – was Dich darin unterstützt, Du zu sein – Deine Chancen wahrzunehmen – den Mut zu haben, Dich zu zeigen. Was ist es, was Dich unterstützt, Deine Bedürfnisse wahrzunehmen und danach zu leben? Und je mehr Du Dir jetzt erlaubst, Dich zu erinnern, was Dir diesen Mut gibt, Deine Werte zu leben, Deine Harmonie zu spüren, die Sicherheit und Intensität oder Freiheit und Geborgenheit, die Kreativität und die Schönheit, desto mehr kann es von ganz allein werden, desto intensiver kannst Du das erleben, desto leichter kannst Du das jetzt und hier spüren. Einfach indem Du Dich selbst wahrnimmst, in Dich hineinhorchst, schaust, spürst – einfach indem Du Dich selbst ernstnimmst und annimmst, kannst Du mehr und mehr von dem erfahren, was Dir wichtig ist – und mehr und mehr erleben, wie dieses Gefühl von Kraft, von Energie, von Mut in Dir steigt, so daß Du ganz selbstverständlich jeden Tag mehr von Deinen Werten lebst, mehr Deine eigene Lebendigkeit und Leiden-schaftlichkeit in Deinem Leben gestaltest. Und das kann ganz von allein weiterge-hen – ganz selbstverständlich, so wie Du jeden Tag Luft holst, kannst Du jeden Tag Mut holen, um Deine Werte, Deine Ziele, Deine Vision zu leben.

Und während Du an diesem Ort in der Natur ganz entspannt bist, kannst Du Deine Gedanken schweifen lassen und fliegen lassen, loslassen, Deine Phantasie reisen lassen, zu all den Wünschen und Vorstellungen, die Du schon in Deinem Leben hattest und die Du verwirklichst hast. Erinner' Dich an all die Dinge, die Du Dir in Deinem Leben schon gewünscht hast und die Du schon erreicht hast – wo Du Erfolge erzielst hast, all die Dinge, die Du in Deinem Leben schon erreicht, bewegt hast. Und nimm wahr, wie viel Du davon jetzt genießen kannst – auf wie viel von diesen Dingen Du stolz sein kannst oder stolz sein könntest, wenn Du es Dir erlauben würdest. Und was ist es, was Dich unterstützen wird, Dir selbst diese Erlaubnis zu geben: Du darfst – Du darfst Dich an Deinen Erfolgen freuen – Du darfst stolz auf Deine Leistungen sein – auf Deine Fähigkeiten – auf das, was Du bisher geschaffen hast. Und vielleicht kannst genießen, daß Du nicht allein bist, daß Du mit anderen Menschen in Beziehung bist – daß es andere gibt, mit denen Du Ziele erreichen kannst, Visionen leben kannst – Deine Werte jeden Tag neu entdecken kannst – daß Du nicht alles allein machen mußt, sondern daß andere da sind, die ihren Teil dazu beitragen. Und laß Ideen kommen, was Dein Beitrag ist zu einem friedlichen, lebendigen Miteinander, was Dein Beitrag sein kann, um die Lebensqualität vieler mit anzuheben. Laß Ideen kommen, wozu Du Lust hast, Deine Energie, Deine Zeit einzusetzen – wofür Du glaubst, daß es sich lohnt, etwas zu tun – worauf hast Du Lust, mit anderen gemeinsam etwas aufzubauen, etwas zu verwirklichen, etwas wahr werden zu lassen – da, wo jeder seinen Teil beiträgt – jeder seine Energie und seine persönliche Bestleistung einsetzt, und Du nur Deins mit dazuzugeben brauchst, nur Deins hinzuzufügen brauchst, so daß Ihr Euch gegenseitig unterstützt, helft, tragt – daß es sich potenziert, daß Ihr Quantensprünge machen könnt des Lernens, daß Ihr diesen Effekt erlebt, den man Synergie nennt, wo sich Energie ganz automatisch potenziert, wo Kreativität ganz von allein fließen kann. Und was ist es, was Dir jetzt in den Sinn kommt, was Dir jetzt einfällt? Und laß Dich überraschen und gerade, wenn es Dir sehr groß erscheint oder sehr umfangreich, dann bist Du wahrscheinlich genau auf der richtigen Spur – dann bist Du nah an dem, was Deine Lebensaufgabe sein kann. Laß Dich überraschen, was Dir jetzt in den Sinn kommt, was Du mit anderen gemeinsam kreieren möchtest, was Ihr erschaffen wollt für Euch in Eurer Zukunft. Laß Dich überraschen, was Dein Projekt ist, was Deine Aufgabe ist, und laß es Dir einfach schenken jetzt. Und nimm wahr, wer jetzt schon alles da ist, um an diesem Projekt, an dieser Aufgabe mitbeteiligt zu sein – wer jetzt schon dabei ist – wer Dich jetzt schon darin unterstützt, genau dahin zu kommen – wen es schon heute in Deinem Leben gibt, mit dem Du planen, mit dem Du umsetzen kannst, mit dem Du vorbereiten oder auch schon tun kannst. Nimm wahr, was schon an Ressourcen da ist – was Du schon hast an wichtigen Grundlagen und Ressourcen, die zu dieser Aufgabe, zu diesem Projekt beitragen werden. Genieße all die Dinge, die Du jetzt schon hast, die heute schon da sind, um Grundlage zu sein für Deine Lebensaufgabe.

Laß Ideen kommen, wen Du noch dazu einladen möchtest, um an diesem Projekt teilzunehmen – und wie Du Menschen begeistern kannst, daß sie Lust haben, mit dabeizusein, wie Du andere dazu einladen kannst, daß sie gern mit Dir zusammen sind, daß sie gern an Deinem Projekt, an Deiner Lebensaufgabe ihren Teil dazu beitragen. Was kannst Du tun, um Dich und andere zu motivieren, daß Ihr heute anfangt, und wie kann der erste Schritt aussehen – heute – der erste Schritt hin zu einer Zukunft, die Ihr gemeinsam erschaffen könnt, die Ihr gemeinsam schöpferisch und kreativ herstellen werdet? Und Du kannst Dir ohne weiteres vorstellen, daß Dich eine strahlende Zukunft erwartet voller Licht und voller Freude. Und laß Deine Vision von Deiner Lebensaufgabe klarer und klarer werden, Deine Vision, die Dich in der Zukunft erwartet, klarer, mit all dem, was für Dich dazugehört an Farben, an Licht, an Menschen, an Bewegungen, was für Dich dazugehört an Klängen und Tönen, vielleicht an Stille, welche Atmosphäre Dich in Deiner Zukunft in diesem Projekt erwartet und welche Atmosphäre Du schaffen wirst, welche Stimmung, welches Miteinander. Und wie wird sich das anfühlen? Wie wird es sein, mit all dem, was für Dich dazugehört? Laß es klarer werden, deutlicher, greifbarer, so daß es für Dich stimmig ist – wie Du Dich bewegst, wie Du auf andere zugehst, wie sich Deine Stimme anhört, mit all dem, woran Du erkennen kannst, daß Du in Fluß bist, daß Du in Deiner Mitte bist, daß Du in Verbindung mit Deiner Quelle, mit Deiner Kreativität bist. Und dann laß die Idee entstehen, wie es sein wird, wenn Du Tag für Tag in Deiner Zukunft Deine Lebensaufgabe lebst, Deine Lebensaufgabe umsetzt, mit anderen gemeinsam die Werte lebst, die Dir wichtig sind, die Projekte angehst, die Dir wichtig sind, die Aufgaben übernimmst, die Du gern übernimmst, von denen Du glaubst, daß es sich lohnt, dafür etwas zu tun, von denen Du glaubst, daß es sich lohnt, dafür aufzustehen, daß es sich lohnt, dafür aktiv zu werden. Und laß Dich anziehen von Deiner Zukunft, strahlend, mit all dem, was Dich locken wird.

Und genieße einen Augenblick dieses Wissen, welche Aufgabe auf Dich wartet, welche Chance Du hast, einen Beitrag zu leisten – und daß es an Dir ist, Deine persönliche Bestleistung mit dazu zu geben.

Schließ das in Deinem Tempo ab, und komm hierher zurück – mit Deiner ganzen Aufmerksamkeit zurück in diesen Raum und setze all die Ideen ein, die Dich jetzt ganz wach machen können und neugierig für den Tag.

Core-Trance

Ziel:
Inneren Quellen-Zustand erleben,
Probleme für die Selbstverwirk-
lichung nutzen

Gruppengröße: ☺

Dauer:
35 Min.

Musik:
Crimson Collection, Volumes 6 und
7, Singh Kaur, Kim Robertson

Anmerkungen:
Vorannahme für den Core-Prozeß
ist, daß Connirae und Tamara Andreas festgestellt haben, daß niemand
ein Problem mit großer Hartnäk-
kigkeit ohne Grund wiederholt,

sondern daß hinter einem Problem eine positive Absicht steckt und hinter dieser
positiven Absicht oftmals noch eine positive Absicht und manchmal eine ganze
Kette von positiven Absichten, die in der Regel zu einem Zustand führen – zu einer
Erfahrung führen – die sie als Core-Zustand bezeichnet haben. Das bedeutet so
etwas wie In-sich-sein oder Liebe-sein oder Licht-sein oder so etwas wie Einheits-
bewußtsein oder ein Zustand von vollständiger innerer Präsenz – in sich in Balance
sein – ein Zustand von nicht mehr etwas tun müssen, sondern von „einfach da
sein". Da manchmal die erste positive Absicht so etwas ist wie „Rache", „Kontrolle"
oder „Anerkennung", führt dieses „weiter nach hinten führen" und jeweils die
positive Absicht der jeweils gefundenen positiven Absicht erfragen und erfahren,
dazu, diesen Core-Zustand zu erleben und mit dieser neuen Energie auch andere
Qualitäten zu entdecken. Eine weitere Vorannahme für diesen Core-Prozeß ist die
Vorstellung, daß wir aus einer Vielzahl von Persönlichkeitsanteilen bestehen, die
entweder miteinander in Konflikt stehen (dann gibt es so etwas wie Krankheit,
Unwohlsein, innere Konflikte oder Schwierigkeiten) oder die in Balance sind (dann
gibt es so etwas wie Gesundheit, Wohlbefinden, Erfolg, Glück oder glücklich-sein)

und daß diese Persönlichkeitsanteile in unserem Unbewußten für uns bestimmte Aufgaben übernehmen oder bestimmte positive Absichten erfüllen. Die Grundannahme ist, daß wir nicht ein einheitliches Wesen sind, sondern daß sich in unserem Unbewußten verschiedene Persönlichkeitsanteile im Widerstreit befinden können und in Einklang kommen können. Ziel dieser Teile-Arbeit ist es, eine Balance herzustellen, die dem gesamten Menschen nützt.

Eine weitere wichtige Vorannahme, die vielleicht bei der Ermittlung des Alters des Persönlichkeitanteils eine Rolle spielen könnte, spielt der Gedanke, daß man auch Persönlichkeitsanteile von seinen Eltern erben kann. Manche Teile erscheinen einem älter als man selber ist, und eine mögliche Erklärung für eine solche merkwürdige Altersstruktur ist, daß wir Teile von unseren Eltern geerbt haben könnten. Außerdem kann es sein, daß dieser Teil schon in jungen Jahren seine Aufgabe übernommen hat – dann ist er manchmal noch ganz jung geblieben oder er kann einem unendlich alt vorkommen.

Vor dem Core-Prozeß sollte das Problem oder Muster herausgefunden sein, mit dem gearbeitet werden soll.

Anleitung:

Du weißt, daß Du für Dich die ganze Zeit die Entscheidung hast, was Du machen willst und inwieweit Du Dich auf diesen Prozeß einlassen kannst – einlassen möchtest und heute einläßt. Und wenn Du willst, kannst Du jederzeit wieder hierher zurückkommen, indem Du einfach die Augen öffnest und dann mit Deiner ganzen Aufmerksamkeit wieder hier in diesem Raum bist. Du hast die Wahl für Dich, ob Du Deinen eigenen Gedanken nachhängst oder ob Du meiner Stimme folgen magst, um diesen Prozeß jetzt mit mir gemeinsam zu machen. Und Du weißt, mit welchem Problem Du heute gerne beginnen möchtest.

Und mach es Dir jetzt so bequem für Dich, daß Du so eine Zeitlang liegenbleiben oder sitzenbleiben kannst – so bequem – daß es für Dich stimmt, daß Du weißt, daß Du Dich so wohl fühlen kannst.

So daß Du Deine Aufmerksamkeit nach innen, zu Dir richten kannst – in Kontakt treten kannst mit Deinem Unbewußten – mit Deinen Persönlichkeitsanteilen – die mehr oder weniger in Balance sind – und dafür sorgen, daß Du in Deinem Leben das erreichst, was Du gerne erreichen möchtest.

Und alles was Du wahrnimmst, kannst Du dazu nutzen, ganz nach innen zu Dir zu kommen – alles was Du hinter Deinen geschlossenen Lidern sehen kannst oder an Geräuschen hörst – wie Du die Schwerkraft spüren kannst – was Du im Moment riechen kannst – und Dein eigener Geschmack – alles dies kann Dich ganz nach innen leiten – um Kontakt aufzunehmen mit Deinem Unbewußten und Kontakt aufnehmen mit dem Teil, der für Dich dieses Problem immer wieder inszeniert hat, weil er für Dich eine positive Absicht hat. Weil er irgend etwas für Dich Wichtiges und Gutes in Deinem Leben möchte und möglicherweise noch keine andere Idee oder Wahl hatte, um das zu erreichen. Nimm Kontakt mit dem Teil auf und bitte den Teil, auf Deine Art Dir mitzuteilen, was seine positive Absicht ist – entweder durch ein Bild oder durch Worte oder durch eine Gewißheit – was die positive Absicht hinter diesem Problem ist.

Und laß Dich überraschen, auf welche Art Du diese positive Absicht erfahren wirst – und auf welche Art und Weise Du die Anwesenheit dieses Teils in Dir wahrnehmen wirst – und was die positive Absicht hinter diesem Problem ist – was er damit für Dich Wichtiges und Gutes in Deinem Leben herbeiführen will. Und wenn Du eine Antwort hast, dann gib mir ein Zeichen – ein kleines Nicken oder ein Zeichen auf Deine Art – das es Dir ermöglicht, ganz in der Entspannung zu bleiben, ganz bei Dir zu bleiben und dennoch in Kontakt mit mir zu sein – nimm Dir Deine Zeit, bis Du die positive Absicht für Dich vollständig erfahren hast.

Und vielleicht ist es neu – vielleicht ist es ungewohnt, was Du jetzt erfährst. ...

Und vielleicht ist es auch nicht gleich klar – laß Dir die positive Absicht mitteilen – und wenn Du von Deinem Teil erfahren hast, was seine positive Absicht ist, dann laß es mich durch ein Zeichen wissen. (Zeichen abwarten) ...

Gut, dann bedank Dich auf Deine Art bei diesem Teil, daß er das schon so lange und immer wieder für Dich tut, und immer wieder versucht, seine positive Absicht für Dich herzustellen – für Dich in Dein Leben zu bringen. Und Du weißt, was das für ein Gefühl ist, wenn Du diesen Zustand, diese positive Absicht vollständig in Deinem Körper erfährst, wenn dieses Gefühl vollständig da ist, und nimm wahr, wie das jetzt ist, wenn Du so tust, als ob dieser Zustand im Moment vollständig sichergestellt ist – vollständig da ist – diese positive Absicht vollständig erfüllt, erreicht ist. Und frag diesen Teil von Dir mit diesem Gefühl: „Was ist die positive Absicht dahinter? Was ist die positive Absicht hinter der positiven Absicht?" Bitte diesen Teil, daß er Dir mitteilt, was er mit dieser positiven Absicht noch für Dich Wichtiges und Gutes in Deinem Leben inszenieren und herstellen möchte, sicherstellen will. Und gib mir wieder ein Zeichen, wenn Du die positive Absicht dahinter von Deinem Teil erfahren hast. Und laß Dich wieder überraschen, auf welche Art Du Deine Antwort bekommst, von Deinem Teil. (Zeichen abwarten) ...

Gut, und das ist sicher etwas, was Du gut kennst – wenn diese positive Absicht erreicht ist, wenn diese positive Absicht vollständig in Deinem Leben erfüllt ist – ein innerer Zustand – eine Befindlichkeit, woran Du ganz deutlich wahrnehmen kannst, daß diese positive Absicht in Deinem Leben vollständig da ist – ein ganz bestimmtes Gefühl. ...

Tu einmal so, als ob diese positive Absicht im Moment vollständig erfüllt ist und bitte Deinen Teil, daß er Dir die positive Absicht hinter dieser positiven Absicht mitteilt und was er damit für Dich erreichen will.

Was er mit dieser positiven Absicht für Dich in Deinem Leben erreichen möchte. Was ist es? Was ist es genau – die positive Absicht dahinter, hinter diesem Zustand – laß es Dir mitteilen und gib mir ein Zeichen. ...

Gut – und spür noch einmal, wie sich das anfühlt, wenn das erreicht ist – wenn diese positive Absicht in Deinem Leben sichergestellt ist – ganz sicher – klar und deutlich dazugehört – und Du wahrnehmen kannst, daß es das in Deinem Leben gibt.

Und dann bitte Deinen Teil, daß er Dir die positive Absicht mitteilt, wenn es dahinter noch eine positive Absicht gibt. Diese positive Absicht hinter diesem Zustand hinter dieser positiven Absicht.

Und je weiter Du kommst, desto leichter kannst Du die Absichten erleben, bis Du bei einem Core-Zustand anlangst.

Bis Du zu einem Zustand von Quelle, von Fließen kommst, wo Du ganz selbstverständlich nur bist, und finde Deine Worte, die diesen Zustand für Dich beschreiben. ...

Und genieß diesen Zustand einen Moment, mit all dem, was für Dich dazugehört – mit all dem, wie Du wahrnehmen kannst, daß Du in diesem Zustand bist, daß Du diese Energie in Dir spüren kannst – mehr und mehr. Laß Dich ausfüllen und einhüllen – und diesen Zustand intensiver werden. Mit all dem was dazugehört, an Licht, an Farben, an Stille oder Klängen und Tönen – mit all dem, was Du spüren kannst in diesem Zustand – oder riechen oder schmecken. Nimm diese Energie mit zurück von positiver Absicht zu positiver Absicht – und gehe diese ganze Kette der positiven Absichten noch einmal durch. Zurück mit diesem Core-Gefühl – mit diesem Zustand – und nimm wahr, welche Qualität jede einzelne positive Absicht dann bekommt, wenn Du mit dieser Energie, mit diesem inneren Gefühl, diese positive Absichtskette noch einmal für Dich durchlaufen läßt – Schritt für Schritt – mit dieser Energie – und gib mir ein Zeichen, wenn Du wieder da anlangst, wo wir am Anfang losgegangen sind, so daß Du diese Energie und diese neuen Qualitäten mit hineinnehmen kannst in diese Ursprungssituation, wo damals dieses Problem entstanden war.

Positive Absicht um positive Absicht rückwärts mit dieser Energie – immer wieder mit hineinfließen lassen und die neuen Qualitäten wahrnehmen, bis Du bemerken kannst, welche Qualität dieses Problem verändert hat – wenn Du mit diesem Core-Zustand von „Du-Sein", mit dieser Energie in diese Problemsituation gehst.

Und es ist nicht wichtig, daß Du Ideen hast, wie genau sich das verändern wird, sondern daß Du spüren kannst, daß die Qualität anders ist und daß Möglichkeiten da sind, anders oder neu zu reagieren – neu wahrzunehmen – neu zu handeln. ...

Und dann bedank Dich bei Deinem Teil, daß er Dich so weit geführt hat, daß Du diese Energie kennenlernen konntest und daß er das für Dich schon so oft versucht hat und oftmals vielleicht auch gar nicht erreicht hat – und vielleicht kennst Du diesen Teil schon länger, und je länger Du ihn kennst, desto jünger kann er sein. Nimm noch einmal wahr, wie alt oder wie jung Dein Teil ist, mit dem Du jetzt kommuniziert hast und mit dem Du diesen Core-Zustand erlebt hast.

Und wenn er jung ist oder jünger ist, als Du jetzt bist, dann gib ihm ein paar gute Gründe, wofür es sich lohnen kann erwachsen zu werden, nimm all Deine Kreativität und all Deine Fähigkeiten und hilf diesem Teil, daß er Lust hat erwachsen zu werden – daß er erkennen kann, daß es sich lohnt reifer zu werden, älter zu werden – daß es sich lohnt zu wachsen, weil damit mehr Möglichkeiten in sein Leben kommen – mehr Freiheit – mehr Möglichkeiten zu spielen – oder Zeit einzuteilen, mehr von dem zu tun, was er für Dich will. Laß alle Deine Kreativität mit in diesen Prozeß hineinfließen, indem Du ihn einlädst, mit Dir erwachsen zu werden, auf Deine Art, vielleicht indem Du ihn abholst, da wo er jetzt gerade ist und mit ihm gemeinsam aufwächst oder ihn einfach nur begleitest, während er reifer und reifer wird und mehr an Möglichkeiten, an Fähigkeiten, an Freiheit dazugewinnt, mehr und mehr Entfaltungsmöglichkeiten entwickelt und reifer und älter wird, bis er genauso alt ist wie Du jetzt. – Mit dieser Qualität – Core-Zustände für Dich zu wünschen und herzustellen –, mit all diesen Fähigkeiten, die jetzt reifen können – und mit der Energie, die dadurch frei wird, daß dieser Teil wachsen darf und erwachsen wird – reifen kann – daß er genauso alt werden kann, wie Du jetzt bist.

Und wenn Ihr beide wieder gleichaltrig seid, dann gib mir ein Zeichen. (Zeichen abwarten) ...

Gut. Und dann laß den Teil auf seine Art seinen Platz in Dir finden, entweder indem Du ihn einatmest oder mit den Händen an einen Ort auf Deinem Körper holst oder einfach nur wahrnimmst, wo er sich bereits in Dir befindet – diesen Teil nach Haus kommen lassen, zu Dir, mit der Reife, die er jetzt hat – mit der Qualität, die er jetzt hat, seinen Platz finden lassen in Dir – und seine Aufgabe finden, um so die Freiheiten, die Möglichkeiten auch wirklich auszuschöpfen. Und mit diesen Qualitäten durchlauf noch einmal im Schnelldurchlauf den Core-Prozeß bis hin zu diesem Zustand von „Du-Sein", von Quelle, von ganz-selbstverständlich-sein – Liebe oder Licht – hinter all diesen positiven Absichten mehr und mehr wahrnehmen, daß es um diesen Quellenzustand geht. Schritt für Schritt, ob dazu Licht und Farben gehören oder Klänge und Töne oder Stille oder ein ganz bestimmtes Gefühl – das Du spüren kannst – oder ein ganz bestimmter Geruch oder Geschmack. Und mit diesem Core-Zustand wieder zurück – positive Absicht um positive Absicht zurück – bis Du heute wieder in der Gegenwart ankommst und Dir vorstellen kannst, daß Deine Zukunft vor Dir liegt und Du diese Quellenerfahrung mit in Deine Zukunft fließen lassen kannst – auf Deine Art. ...

Laß Dich einmal überraschen, auf welche Art Du diese Qualität, die Du jetzt gefunden hast, mitnehmen kannst, fließen lassen kannst und wahrnehmen kannst, was sich dann für Dich verändert. ...

Gut. Und dann schau noch einmal, ob alle Teile in Dir einverstanden und damit in Balance sind – im Einklang miteinander –, daß das mit in Deine Zukunft fließen kann – oder was Du noch tun kannst, damit alle Teile damit einverstanden sind und das in der Zukunft ausprobieren werden, um neue Möglichkeiten wahrzunehmen.

Und erlaube Dir, Deine Kreativität und Dein Spectrum an Möglichkeiten zu entfalten, um diesen Einklang zwischen allen Deinen Teilen herzustellen – damit Du diesen Prozeß dann für Dich abschließen kannst, wenn Du das erreicht hast.

Und wenn Du Einklang, Übereinstimmung, Balance zwischen all diesen Teilen erreicht hast, dann bedank Dich für die Mitarbeit und schließ das für Dich ab, in dem Wissen, daß Du jederzeit wieder Kontakt aufnehmen kannst. ...

Und komm mit Deiner Aufmerksamkeit wieder nach außen – nach außen in diesen Raum – nach außen hierher zurück und spür noch einmal, wie Du auf dem Boden liegst, welche Bewegung, Berührung Du jetzt gebrauchen kannst, um wach zu werden – welche Geräusche Du hier wahrnehmen kannst – vielleicht ein ganz bestimmter Geruch oder Geschmack – so daß Du mehr und mehr hier ankommen kannst – mit all Deinen Sinnen – um die Augen zu öffnen und Dich umzuschauen – jetzt.

Phantasiereise ins All

Ziel:
Die Frosch-Perspektive verlassen, neue Blickwinkel erleben, Relationen und Proportionen neu entdecken

Gruppengröße: ☺

Dauer:
20 Min.

Musik:
Constance Demby: Novus Magnificat Through The Stargate

Anmerkung:
Die Phantasiereise ins All gibt Dir die Möglichkeit, von problematischen Dingen Abstand zu gewinnen, eine neue Perspektive einzunehmen

und eine neue Sichtweise zu gewinnen. Du kannst neue Relationen wachsen und aus der Entfernung neue, kreative Lösungsmöglichkeiten entstehen lassen.

Anleitung:
Du kannst zu Beginn dieser Phantasiereise Deine Aufmerksamkeit auf Deinen Körper richten – und zwar diesmal ganz besonders auf Deine Füße. Nimm den Teil Deines Körpers wahr, der Dich täglich mit der Erde verbindet. Spüre, wie Deine Füße jetzt daliegen und was Du tun kannst, um hier loszulassen und alles abzugeben, was Du jetzt noch abgeben möchtest. ...

Und während sich Deine Füße wie von allein weiter entspannen können und die Entspannung auch wie von selbst weiter nach oben steigt, kannst Du Deine Aufmerksamkeit auf Deine Hände richten, auf beide Hände, die Dich darin unterstützen, zu arbeiten, Dich auszudrücken, mit denen Du andere berühren kannst und mit deren Hilfe Du handeln kannst. Und dann spüre, wie sie jetzt so daliegen und was Du hier loslassen und an die Erde abgeben kannst, ganz bewußt jeden Finger der Hand locker und gelöst werden lassen, ganz weich und weit.

Und während sich auch Deine Hände wie von allein weiter entspannen – schwerer und weicher werden – und diese Entspannung weiter nach oben wandert – in die Arme – die Schultern – kannst Du Deine Aufmerksamkeit auf Deinen Kopf richten, auf den Hinterkopf und auf Dein Gesicht, mit dem Du täglich anderen deutlich machen kannst, wie Du fühlst – wie Du mit Deiner Mimik Lachen, Spaß, Freude, Lebendigkeit, Neugierde und andere Gefühle zum Ausdruck bringen kannst. Und dann laß den gesamten Kopf los, laß Deine Gesichtsmuskulatur weicher und weiter werden. Weite die Wangen, den Bereich um die Augen – die Lippen und die Zunge loslassen und weicher werden lassen.

Während sich Dein Kopf wie von alleine weiter entspannt, richte Deine Aufmerksamkeit auf Deinen Bauchnabel und laß die Entspannung – das weite, weiche, warme Gefühl – aus den Füßen, aus den Händen und aus Deinem Kopf in diesem Bauchnabel zusammenlaufen, daß sich die Entspannung im Bauch konzentriert – und ausbreiten kann – warm und weit. Und mit jedem Ausatmen kommt eine Welle von Entspannung aus den Füßen und den Händen und aus Deinem Kopf in den Bauch und breitet sich dort ganz weit, weich und warm aus. Und Du kannst diese Entspannung einfach weiter geschehen lassen. ...

Mit der Gewißheit, daß Dein Körper hier sicher und ruhig daliegt und Du jederzeit zurückkommen kannst, wenn Du es möchtest, nimm Dir jetzt die Zeit, Dir vorzustellen, wie es wohl ist, wenn Du Dich selbst sehen kannst – in ungefähr einem Meter Entfernung über Dir – Du Dich selbst – Deinen Körper – betrachtest. Stell Dir vor, daß ein Teil von Dir die Möglichkeit hat, aus Deinem Körper zu gehen und sich aus einem Meter Entfernung anzugucken, wie Du daliegst, wie Dein Gesicht aussieht, welche Kleidung Du heute trägst, wie Du atmest. Und erlaube diesem Teil jetzt, eine Reise anzutreten ins All, um neue Erfahrung zu machen und neue Perspektiven zu gewinnen, die er allen anderen Teilen mitteilen kann. Und während sich der Teil jetzt schon daran gewöhnt hat, sicher in der Luft zu existieren, erlaube ihm, nach oben zu steigen – ein ganzes Stück weit höher, bis zur Decke des Raumes – und noch weiter nach oben – weiter, bis er in der Höhe der Häuserdächer ist. Und laß ihn dort ein bißchen verharren und sich umschauen, was er von hier aus alles sieht – schauen, wie groß Dein Körper jetzt ist. Was kannst Du jetzt noch erkennen? Schau Dich um, welche Farben Dich umgeben und welche Gegenstände, Menschen und Situationen Du von hier aus sehen kannst. Welche Sicht der Dinge ergibt sich für Dich aus dieser Perspektive?

Und dann setze die Reise weiter fort, weiter nach oben, mit der Gewißheit, Dich in der Luft sicher und wohl zu fühlen – wie ein Vogel, weiter nach oben – noch ein ganzes Stück, sich aufwärts treiben lassen – wie in einem Ballon, in eine Höhe, aus der Du die gesamte Stadt oder Region überblicken kannst. Ein Abstand, wo Du eine schöne Aussicht hast und alles klar und deutlich erkennen kannst. Und dann stell Dir vor, wie es ist, Dich selbst – also Deinen Körper, wie er jetzt so daliegt – aus dieser Höhe zu sehen – mit all dem, was Dich umgibt, mit den umgebenden Häusern, den Straßen, der Natur und den Menschen. Und schau Dich um, wie weit Du aus dieser Höhe schauen kannst. Kannst Du den Rand der Stadt oder der Region entdecken, und was kannst Du am Horizont sehen? Wie klein sind die Menschen, die Fahrzeuge, die Häuser unter Dir, und was bewegt sich, was kannst Du entdecken?

Und laß Dich weiter nach oben treiben, fast wie von alleine, weiter, bis Du eine neue Perspektive entdeckst, so weit oben, daß Du einen Überblick über das gesamte Land hast. Vielleicht erinnerst Du Dich an das Bild einer Wetterkarte oder kannst die Umrisse des gesamten Landes sehen. Und schau Dir an, was Du aus dieser Höhe entdecken kannst, was Du von Dir jetzt noch erkennen kannst, von Deinem Haus, Deiner Straße, Deiner Stadt. Vielleicht kannst Du sehen, wo andere Leute, Freunde von Dir wohnen, an welchen Stellen des Landes Du Leute kennst. Vielleicht kannst Du sehen, wie die einzelnen Sachen, Menschen und Situationen kleiner geworden sind, Dinge, die Dir vielleicht vorher groß erschienen sind, kleiner werden – weiter weg. Je weiter Du nach oben treibst, desto größer ist Dein Überblick – Du siehst mehr und umfassender.

Und laß Dich weiter nach oben treiben, bis Du noch mehr Länder sehen kannst und Dir bewußt wird, daß alle Länder auf dieser Erde zusammengehören – sich diese Erde teilen – daß alle Menschen denselben Planeten bewohnen und Du ein Teil davon bist. Und immer weiter nach oben – immer weiter weg, in einen Raum, der Dir die Schwerelosigkeit ermöglicht. Und Du merkst, daß die Erdanziehung immer schwächer wird, daß ein Raum existiert, in dem Du wie selbstverständlich Teil des Raumes wirst – leicht in ihm schweben kannst – sicher – immer weiter weg, bis zu einer Position, aus der Du die ganze Erde sehen kannst – den blauen Planeten. Und Du kannst die Erde betrachten, kannst sehen, welche Farben sie hat, welche Konturen sich abzeichnen, ob sie statisch ist oder sich bewegt. Und was kannst Du aus dieser Perspektive von Dir erkennen? Wie groß bist Du, als Person, in Deinem Raum, in Deiner Stadt? Wo ist Dein Platz auf dieser Erde? Was ist aus dieser Perspektive vielleicht nicht mehr so groß und so wichtig? Welche Sachen werden hier, aus dieser Perspektive, wichtiger und gewinnen für Dich an Bedeutung? ...

Laß Dich jetzt noch weiter weg treiben, daß die Erde kleiner wird und Du bemerkst, daß auch sie nur ein Teil eines größeren Zusammenhanges ist, daß es andere Planeten gibt, die mit der Erde zusammen wieder ein System ergeben, welches wiederum mit anderen Sternen neue Systeme ergibt – einen Raum, der endlich ist und doch unbegrenzt.

Finde einen Platz, wo Du die ganze Größe des Universums spüren kannst, wo Du eins bist mit all dem, was an Potential – an Unendlichkeit – an Entwicklung da ist. Laß Dich an einen Ort weitertreiben im All, wo die Planeten unseres Universums zu kleinen Kugeln für Dich werden – an einen Ort, wo Du die Unendlichkeit des Universums spüren kannst – an einen Ort, wo Du die ganze Kraft des Universums in Dich aufnehmen kannst. Wo Du mit dem Universum verbunden bist – eins bist. Wo Du das ganze Spectrum des Seins erfassen kannst. Was macht diesen Ort für Dich so besonders – so einzigartig?

Nimm all das wahr, was im Moment da ist – ob Du es nun sehen, hören oder fühlen kannst. Vielleicht sind es Töne oder eine Melodie oder eine ganz bestimmte Stille – vielleicht eine tiefe Ruhe – zuhören und annehmen. Vielleicht sind es Farben – hell oder dunkel – oder ein ganz spezielles Licht – mit dieser einzigartigen Qualität – und ein ganz besonderes Gefühl – was zu diesem Ort paßt – vielleicht so etwas von Leichtigkeit und Verbundenheit – oder was es jetzt für Dich ist.

Und nimm hier wahr, wie relativ alles ist. Welchen Stellenwert haben an diesem Ort die Probleme, die Dich im Alltag verfolgen – die Dir sonst ganz wichtig sind? Nimm noch einmal intensiv Kontakt auf zu all dem, was ist – hier im Universum. Spür noch einmal die unendliche Energie, die ein ganzes Universum seit unvorstellbar langer Zeit am Leben erhält und weiterentwickelt. Und vielleicht wird Dir hier auch noch einmal der Sinn des Ganzen deutlich – vielleicht kannst Du hier noch einmal Wichtiges von Unwichtigem unterscheiden, vielleicht hast Du hier wieder die Erinnerung, was Leben für Dich bedeutet und was Dir besonders wichtig ist. Was kannst Du als ein Teil des Ganzen beitragen? Was ist Deine Aufgabe? Was ist Dein Beitrag? ...

Und dann laß Dir an diesem Ort ein Symbol schenken, das Dich daran erinnert, was Du hier gefunden hast. ...

Mit diesem Symbol kannst Du Dich dann von diesem Ort verabschieden und Dich allmählich wieder zurücktreiben lassen – zu Deinem Planeten – zur Erde – bis Du bereits bemerkst, daß die Erde Dich anzieht, Dich lockt und neugierig macht – daß Du aus dem Weltraum wieder zurück in die Atmosphäre getragen wirst – sicher und in Deinem Tempo. Allmählich werden die Dinge wieder größer. Je näher Du Dich der Erde, Deiner Stadt und Deinem Raum näherst, desto größer werden die Dinge und Menschen wieder. Bis Du Deinen Raum und Dich selber wieder siehst, wie Du auf dem Boden liegst und jetzt in Deinen Körper wieder eintauchst, mit dem, was Du im All geschenkt bekommen hast – in Deinen Körper zurückschlüpfst und die Energie in Deinem Körper ausbreiten läßt – stärker werden läßt. Und Du kannst Dich jederzeit im Alltag – wenn es Dich unterstützt – noch einmal an diesen Zustand und dieses Gefühl erinnern. ...

Schließe diese Reise dann für Dich ab, indem Du Deine Aufmerksamkeit wieder nach außen richtest. Spüre, wie Du auf dem Boden liegst und wie Du mit leichten Bewegungen Dich wieder hierher zurücklocken kannst. Du kannst Dir vorstellen, wie Dich mit jedem Atemzug Frische und Energie ausfüllen und wie sich dieser Zustand von Wachheit in Deinem ganzen Körper ausbreitet – wieder hierher zurückkommen, indem Du die Augen öffnest, Dich umschaust, wer noch alles da ist und noch einen tiefen Atemzug nimmst – und dann aufschreibst oder malst, was Du für Dich gefunden hast.

Friedensvision

Ziel:
Friedvolle, positive Visionen entwickeln

Gruppengröße: ☺

Dauer:
20 Min.

Musik:
Jonathan Lee: Stress Reducer

Anmerkungen:
Diese Phantasiereise hat keine einleitende Entspannungsphase und endet mit einer Umsetzung von Erfahrung in Bewegung. Es ist schön, aus der langsamen und beschaulichen Reise mit entsprechender Musik

mehr und mehr in aktive und energievolle Zustände überzuwechseln. Die Idee zu dieser Reise kommt von Bob und Mallie Mandel.

Anleitung:
Stell Dir vor, daß Du Dich in einem Raumschiff befindest, das zur Erde zurückkehrt, nachdem es auf einer langen Reise in einer fernen Galaxie gewesen ist. Wir schreiben das Jahr 2800. Es ist lange her, seit Du die Erde das letzte Mal gesehen hast. Um so mehr wächst in Dir bereits die Freude auf ein Wiedersehen.

Die Wissenschaft hat es Dir ermöglicht, Deinen Körper während der gesamten Zeit in einem gesunden und vitalen Zustand zu erhalten. Du fühlst Dich fit und der Gedanke an die Heimkehr setzt noch zusätzliche Kräfte in Dir frei.

Konzentriert bereitest Du Deine Landung vor und fragst Dich dabei innerlich, was sich wohl alles auf der Erde verändert hat. Wie geht es Deinen Freunden und all den Menschen, die Dich damals liebevoll verabschiedet haben? Was gibt es an neuen Entwicklungen und Erfindungen? Wie hat sich die Menschheit weiterentwickelt? In welchem Zustand ist der Planet?

Es ist Zeit, Kontakt mit der Flugüberwachung aufzunehmen. Du meldest Deine Rückkehr an und erhältst erste Glückwünsche zu Deiner erfolgreichen Mission. Eine freundliche – ganz vertraut wirkende – Stimme informiert Dich über einige Veränderungen auf der Erde, die inzwischen stattgefunden haben. Gespannt und neugierig lauschst Du der Stimme:

„Auf der Erde haben wir seit 500 Jahren Frieden. Alle Kämpfe und Kriege sind beigelegt worden. Die Völker aller Länder haben sich auf den Weltfrieden geeinigt und nutzen seither ihre ganze Kraft und Kreativität, um diesen Zustand aufrechtzuerhalten. Es ist Raum für jeden Menschen, in dem sich jeder frei bewegen und entwickeln kann. Die Ressourcen und Fähigkeiten aller Menschen werden zur ständigen Verbesserung der Lebensqualität eingesetzt. Gesundheit und ein langes glückliches Leben sind das Ergebnis. Die Menschen haben die Verantwortung für ihr Leben und für ihren Planeten übernommen und handeln zum Wohle des Ganzen.

Die Bewohner der Erde leben im Einklang mit der Natur und mit allen auf dem Planeten befindlichen Lebewesen. Jeder hat seinen Platz und seinen Raum zur Selbstentfaltung und kann seine Talente und Fähigkeiten mit anderen spielerisch weiterentwickeln. Jeder lebt seine Werte im Einklang mit der Gemeinschaft. Respekt und Toleranz sind von allen in ihrem täglichen Leben integriert. Alle Bewohner sind innerlich und äußerlich reich. Es ist genug für alle da. Es gibt genügend Nahrung, Energie, Zeit und Platz – genug Liebe für alle.

Die Menschen haben erkannt, daß ihre Gedanken ihre Wirklichkeit formen und daß friedliche, respektvolle Gedanken in jedem auch eine friedliche Wirklichkeit und Welt entstehen lassen, in der jeder seine Schätze zeigen und zur Entfaltung bringen kann."

Du bist beeindruckt. Mit solch einer Vielzahl an Veränderungen hast Du nicht gerechnet. Die Menschen auf der Erde haben ihre Kreativität in den vergangenen Jahren für die Lösung wichtiger Aufgaben genutzt und waren – wie Du – dabei sehr erfolgreich.

Dein Raumschiff nähert sich der Erde und das Gefühl, nach Hause zu kommen, kann sich mehr und mehr in Dir ausbreiten. Auf dem Weg zurück zu Deinen Wurzeln – zu dem Ort und der Gemeinschaft, mit der Du Dich die ganze Zeit verbunden gefühlt hast – kann sich die Freude auf das Wiedersehen mehr und mehr entfalten. Du fühlst Dich ergriffen von diesem Augenblick und spürst eine unendliche Geborgenheit und Verbundenheit mit diesem Planeten und all seinen Menschen – so, als könntest Du die ganze Welt umarmen.

Mit einem leichten Ruck weißt Du, daß Du gelandet bist. Das Raumschiff steht sicher und fest auf dem Boden. Indem Du einen tiefen Atemzug nimmst, machst Du Dich bereit für das Wiedersehen und genießt die frische Luft Deines Heimatortes. Viele Menschen haben Deine Ankunft erwartet. Du steigst aus und triffst Deine Freunde und Deine Familie wieder. Alle, die Du liebst und die Dir wichtig sind. Es ist gut, in vertraute Gesichter zu schauen und liebevolle Worte der Begrüßung zu hören. Während jeder Umarmung spürst Du, daß ein Band tiefer, immerwährender Liebe geblieben ist. Du bist heimgekehrt.

Endlich wieder den geliebten Menschen nahe sein, an dem Ort, wo ein Teil Deines Herzens immer war. Die Freude über das Wiedersehen findet ihre Vollendung in einem großen Fest. Es wird getanzt, gelacht und erzählt, und neugierig kannst Du all Deine Fragen stellen, wie das Leben jetzt auf der Erde neu und anders ist. Spielerisch und kreativ könnt Ihr gemeinsam Ideen und Projekte entwickeln – in der Atmosphäre, in der alles möglich ist. Laß Dich überraschen, wie Arbeit und Spiel eins werden können und wie Deine Lust – mitzuwirken – mehr werden kann.

Was wird Dein Beitrag zu einer friedvollen Welt sein? Welche Fähigkeiten und Talente bringst Du mit ein? Welche Aufgabe möchtest Du übernehmen? Wie kannst Du Deine Energie und Deine Zeit für den Erhalt dieses Planeten und all seiner Lebewesen kreativ nutzen?

Beginne nun Deine Antworten in Bewegung umzusetzen und tanze Deine Vision, Deinen Beitrag zu einem friedlichen Universum – mit allen neuen Möglichkeiten – bis Du dieses Gefühl mit hierher in diesen Raum bringen kannst, indem Du wieder Deine Augen öffnest – und mit anderen gemeinsam entdecken kannst, was jeder von Euch mitgebracht hat.

Kapitel 4: Phantasiereisen basteln

1. Ziel – gewünschter Zustand

Es ist günstig, vor dem Basteln der Reise Klarheit darüber zu haben, wohin die Reise gehen soll und welche Erfahrungen gemacht werden sollen. Wie bei einer richtigen Reise bestimmt auch bei der Phantasiereise das Reiseziel, was man alles mitnimmt, mit welchen Mitteln man am besten ankommt und welche Reisegefährten man wählt. Der Erfolg der Reise wird von einer sorgfältigen Planung, einer ordentlichen Vorbereitung und einer liebevollen Durchführung bestimmt.

Für die Planung mach Dir bewußt:
▼ Was möchten die Reisenden erreichen?
▼ Welche Gefühle sollen erlebt werden?
▼ Welche Zustände unterstützen sie, das Ziel zu erreichen?

2. Roter Faden: Hineinbegleiten – Herzstück – Rückreise

Eine Phantasiereise teilt sich in drei Phasen. Diese können unterschiedlich lang sein – je nach Erfahrung der Reisenden. Für Ungeübte hat es sich bewährt, die Phase des

Hineinbegleitens lang und ausführlich zu gestalten. Bei Geübteren kann diese Phase jedoch sehr kurz gehalten werden.

Das eigentliche Herzstück bildet die Metapher oder Geschichte, die die Aussage der Reise transportieren soll. Diese Phase ist bei uns in der Regel der längste und intensivste Teil der Reise.

Bei der Rückreise ist darauf zu achten, daß alle wieder ganz mit ihrer Aufmerksamkeit hierher zurückkommen. Die Länge dieser Phase richtet sich also nach der Schnelligkeit, mit der die Phantasiereisenden wieder wach werden.

Alle drei Phasen sollten fließend und harmonisch ineinander übergehen.

3. Hineinbegleiten – Entspannungsphase

Die Entspannungsphase hilft, in einen gelösten fließenden Zustand zu kommen, der es erleichtert, eigene positive Vorstellungen zu entwickeln, Visionen zu haben, sich die eigenen Ziele zu erträumen, die Phantasie beflügeln zu lassen, in die eigenen Bilderwelten einzutauchen, seine Natur zu verstehen und zu genießen.

Die körperliche Entspannung ist eine gute Grundlage, um der Seele Flügel wachsen zu lassen. Es gibt viele Variationen, den Weg von außen nach innen zu erleichtern:

▸ Die Atembewegung und der Atemrhythmus
bedeutet: Die Atemräume spüren und den eigenen Atemrhythmus als Träger für einen Entspannungszustand zu nutzen. Dies bietet sich an bei Menschen, deren Atem sowieso frei, lang und tief fließen kann, deren Atemrhythmus sowieso schon sehr ausgeglichen und harmonisch ist und die es gewohnt sind, Aufmerksamkeit für ihren eigenen Atem zu haben. Bei Menschen, die es nicht gewohnt sind, auf ihren eigenen Atemrhythmus zu achten, empfiehlt sich diese Methode nicht, da sind andere Einleitungen günstiger und leichter.

Zum Beispiel: ... Und dann leg beide Hände auf Deinen unteren Bauch und spür in Deine Atemräume hinein, indem Du mit dem nächsten Einatmen ganz in Deinen Bauch hineinatmest – gegen Deine Hände – mit dem Einatmen tief in Deinen Bauch – und dann den Atem lang und tief wieder hinausfließen lassen – loslassen – einatmen in den Bauch – in den Bauchraum spüren – und mit dem Ausatmen fließen lassen – loslassen – den Atem wieder gehen lassen.

Und vielleicht kann Dich diese Art zu atmen und Deine Atemräume zu erspüren, darin unterstützen, jetzt ganz loszulassen und mit Deiner ganzen Aufmerksamkeit nach innen zu Dir zu gehen. ...

Dann leg beide Hände auf die unteren Rippenbögen zur Unterstützung und laß mit dem Einatmen Deinen Atem bis in die unteren Rippenbögen fließen – und spür, wie Du durch den Atem hier aufmachen kannst und weit werden kannst – und wie Du den Atem lang und tief fließen lassen kannst – ausströmen lassen kannst. Und was Dich dabei unterstützen kann, in Deinem eigenen Rhythmus ganz zu Dir zu kommen – Deine eigenen Atemräume wahrzunehmen – Deinen Rhythmus zu spüren – Dich von Deinem Atem schaukeln zu lassen – lang und tief fließen zu lassen, um damit ganz zu Dir zu kommen – nach innen ...

Und dann leg drei Finger direkt unter das Schlüsselbein, so daß Du die Lungenspitzen spüren kannst, und nimm wahr, wie Du mit dem Einatmen hier diesen Atemraum spüren kannst – fühlen kannst, wie er Dir Raum gibt – und was Du beim Ausatmen wieder strömen, fließen, loslassen kannst. Nachspüren wie Du Deine eigenen Atemräume füllen kannst und wieder leer werden lassen kannst – und Du weißt, daß das von ganz allein jeden Tag so weitergeht, ganz selbstverständlich, daß es Dich atmet in Deinem Rhythmus – Dich füllt mit Frische und Energie – Lebendigkeit und allem, was Du brauchst. Und wie Du alles das loslassen kannst, was Du loslassen möchtest – mit jedem Ausatmen – und spüren kannst, von wo aus die Entspannung sich in Dir ausbreiten kann – wie eine Welle. Und dann leg die Arme neben Deinem Körper ab, daß sie einen Platz finden, wo sie einen Moment ruhen können – und laß den Atem lang und tief fließen wie eine Welle und laß mit Deinem eigenen Atemrhythmus diese Welle formen und fließen, durch Deinen ganzen Körper hindurch. ...

▶ Wechsel von Anspannung und Entspannung

Die Methode „Anspannen und Entspannen" nach dem Jacobsen-Prinzip macht sich die Tatsache zunutze, daß eine Entspannung um so tiefer und effektiver ist nach einer erfolgten Anspannung. Dieser Wechsel von Anspannen und Entspannen führt zu einer schnellen und leichten Trance-Induktion und kann eine effektive Möglichkeit bieten, tief nach innen zu gehen.

Zum Beispiel: ... Beginne, jetzt, wenn Du da auf dem Boden liegst, indem Du mit dem Einatmen Deine Füße anspannst, die Füße, die Zehen zu Dir herziehst, ganz stark, und mit dem Ausatmen wieder losläßt. Und dann in Deinem eigenen Rhythmus zweimal die Beine anspannst und sie ein wenig vom Boden abhebst und mit dem Ausatmen wieder losläßt. Und dann die Fäuste ballen, anspannen und loslassen. Zweimal Einatmen, anspannen und ausatmen und loslassen. Und dann die Arme – zweimal die Arme anspannen, mit dem Einatmen, und dann wieder loslassen. Und Deine Beckenmuskulatur und Deinen Bauch anspannen und wieder loslassen, in Deinem eigenen Atemrhythmus, mit Deinem Einatmen anspannen und dann wieder loslassen mit dem Ausatmen. Und Deine ganze Rückenmuskulatur mit dem Einatmen anspannen und mit dem Ausatmen loslassen, auf Deine Art. Und dann zweimal die Schultern und Deinen Nacken und Deinen Kopf mit dem Einatmen anspannen und mit dem Ausatmen loslassen. Und dann einmal den ganzen Körper anspannen und loslassen. Und während Dein Körper das für Dich tut, kannst Du jetzt alles an den Boden abgeben. Nimm wahr, was Du Deinen Körper allein weiter tun lassen kannst so wie jede Nacht, einfach loslassen, lockern und lösen, während Dein Geist dabei ganz hellwach bleiben kann. ...

▶ Die Armlevitation

Eine der bekanntesten Möglichkeiten, eine Trance auf ungewöhnliche Art einzuleiten, stammt von Milton Erickson. Die Armlevitation dient dazu, die Integration und das Herstellen des gewünschten Zustandes dem Unbewußten zu überlassen. Während der Arm, den man vorher gehoben hat, langsam wieder zu Boden sinken kann oder auf dem Körper abgelegt werden kann, bittet man das Unbewußte, den Zustand, der erreicht werden soll, ganz von allein herzustellen. So wird dem Körper die Möglichkeit gegeben, sich zu erinnern, auf welche Art Entspannung normalerweise bei ihm eintritt und was es zu tun gilt, welche Angleichungen gemacht werden müssen, um diesen Zustand zu erreichen.

Zum Beispiel: ... Für die körperliche Entspannung richte Deine Unterarme so auf, daß Deine Hände zur Decke zeigen und laß jetzt, während Du die beiden Arme so hältst, eine Erinnerung kommen an eine Zeit, wo Du vollkommen entspannt warst, wo Dein Körper die Erfahrung gemacht hat von Entspannung, von Loslassen und Wohlfühlen. Und während Du Deine Arme jetzt wieder zum Boden sinken lassen kannst, kannst Du eine Erinnerung kommen lassen, in der Du ganz entspannt warst. Das kann genauso schnell oder langsam gehen, wie die Erinnerung in Deinen Körper zurückfindet, so daß die Erfahrung vollständig da ist. Bitte Dein Unbewußtes, alle notwendigen Anpassungen in Deinem Körper zu steuern, so daß, wenn Deine Hände den Boden berühren, Du vollständig entspannt, locker und gelöst bist. Jetzt. ...

Nimm wahr, wie es ist, wenn Dein Körper diese Erfahrung vollständig erlebt und laß sie noch ein bißchen intensiver werden, indem Du jetzt alles losläßt und es an all den Stellen noch weicher werden läßt, losläßt, wo Du es jetzt noch gebrauchen kannst. Und während sich Dein Körper wie von allein weiterentspannen kann, kannst Du mit Deiner Aufmerksamkeit nach innen gehen, so daß Du leicht innere Bilder und Töne entstehen lassen kannst. ...

▶ Zählen von 1-10

Die Treppe stellt ein klassisches Mittel dar, um Trancephänomene herzustellen, weil beim Hinabsteigen der Treppe gleichzeitig die Verbindung von Stufe zu Stufe über Zählen und über Suggestionen, mit „Loslassen", mit „Entspannen", mit „Lockern und Lösen" und mit „tiefer und tiefer loslassen" hergestellt wird. Gleichzeitig mit diesem Zählen und diesem „tiefer und tiefer gehen" sollten die Untereigenschaften der Stimme damit übereinstimmen, d.h. die Stimme sollte tiefer werden.

Zum Beispiel: ... Und was Dich darin unterstützen kann, ganz zu Dir zu kommen, ganz nach innen zu gehen – tiefer und immer tiefer – nach innen zu Dir, zu Deinem Raum. Vielleicht kannst Du Dir vorstellen, daß Du eine Treppe hinabgehst, von der Du weißt, daß sie zehn Stufen hat, die Du Stufe um Stufe – tiefer und tiefer zu Dir – tiefer und tiefer nach innen hinabgehen kannst – von eins nach zwei und spüren kannst, wie Du schon ein kleines bißchen tiefer bist – zur drei hinunter, mehr und mehr loslassen und nach innen kommen – zu vier, auf Deine Art wahrnehmen, wie Du tiefer loslassen kannst und – bei fünf schon spüren kannst, wie dieser Zustand von Entspanntsein, von Gelöstsein immer näher zu Dir kommt – nach sechs, tiefer wahrnehmen, wie Du diese Treppe, immer tiefer zu Dir hinabkommst – nach sieben mehr und mehr loslassen kannst – nach acht, um tiefer zu Dir – tiefer in Dein Inneres zu finden – nach neun, so daß Du Deinen tiefsten Punkt schon näherkommen spürst, Deinen tiefsten Punkt für heute, indem Du die Treppe beendest – nach zehn. Mehr und mehr loslassen kannst – lösen – um wahrzunehmen, wie es dort innen bei Dir jetzt aussieht – was alles für Dich hier wichtig ist.

▶ Die 5-4-3-2-1-Methode

Die 5-4-3-2-1-Methode funktioniert so, daß Du als erstes fünf Tatsachen ansprichst, die derjenige sehen oder hören oder spüren kann, die er innerlich mit Ja beantwortet, und diese fünf Dinge mit einer gewünschten Realität verbindest. Beim nächsten Schritt kannst Du vier außen wahrnehmbare Dinge erwähnen, die man sehen, hören, spüren, riechen oder schmecken kann, um dann im nächsten Schritt diese vier außen benannten Dinge mit zwei gewünschten Zuständen zu verbinden.

Um dann drei außen wahrnehmbare Dinge zu nennen und dann drei gewünschte Zustände herzustellen und dann zwei außen und vier gewünschte usw., um diesen Weg von außen nach innen sanft und behutsam einzuleiten.

Zum Beispiel: ... Und dann nimm wahr, was Du sehen kannst hinter Deinen geschlossenen Lidern, während Du meine Stimme hörst und die Schwerkraft Dich mit dem Boden verbindet und Du all den Geräuschen folgen kannst, die es hier im Raum jetzt gibt und Deine eigenen Atemgeräusche – all dies kann es Dir erleichtern, ganz zur Ruhe zu kommen. Und dann spür, wie Du jetzt daliegst, wo Du überall den Boden berührst, wie meine Stimme Dich begleitet und die Musik Dir helfen kann – mehr und mehr nach innen zu kommen – mehr und mehr in diesen entspannten Zustand zu gehen. Und wenn Du wahrnimmst, wie das Licht hinter Deinen geschlossenen Lidern ist, und die Ruhe hier im Raum mehr und mehr sich ausbreitet, während Du sicher auf dem Boden liegst – dann kannst Du alle Gedanken gehen lassen, und die Stille in Dir erleben und schon spüren, wie Deine Kreativität zu fließen beginnt. Und indem Du Deinen Atemrhythmus wahrnimmst und spüren kannst, wie Dein Atem Dich schaukelt, kann dieses Fließen oder dieses in Fluß kommen, dieses Loslassen mehr werden, und Du kannst ganz nach innen in Deine Mitte finden und Dich auf Deine Reise in Deinen kreativen Raum vorbereiten. Wenn Du spürst, wie Dein Körper mehr und mehr loslassen kann, kannst Du – in Deinem Geist ganz hellwach – auf eine Reise gehen, die Reise zu Deinem kreativen Raum. ...

▶ Den Körper durchspüren

bedeutet: Mit der Aufmerksamkeit durch den ganzen Körper hindurchspüren. Unten bei den Füßen beginnend, jeweils die Verbindung herstellen von spüren und loslassen und jeweils mit der Aufmerksamkeit weiter durch den Körper wandern, spüren und loslassen. Durch die ständige Wiederholung wird die Trance eingeleitet und die Möglichkeit nach innen zu gehen unterstützt.

Zum Beispiel: ... Du kannst wieder für Dich entscheiden, auf welche Art Du heute am schnellsten loslassen kannst, denn Du hast die Wahl, ob Du einfach nur daliegst und Dich ausruhst oder Dich mitnehmen läßt von der Musik in einen Zustand von Gelöstsein – von Loslassen – ob Du Dich erinnerst, wann Du das letzte Mal ganz entspannt warst – locker – gelöst – oder ob Du meiner Stimme lauschen magst und all den Assoziationen, die sie bei Dir weckt. Du kannst noch einmal hineinspüren, wo Du überall den Boden berührst und was alles Du an den Boden abgeben kannst – loslassen. So, als wenn Du Dich tiefer auf den Boden sinken lassen willst – mehr und mehr. Indem Du hineinspürst in Deine Beine und wahrnimmst, wie sie da liegen, jetzt schon ein kleines bißchen mehr loslassen – schwerer werden lassen und auf den Boden sinken. Und während Dein Körper das ganz von allein weitermacht und einfach ganz von allein weiter losläßt, kannst Du mit Deiner Aufmerksamkeit in Dein Becken spüren – rechts und links – wie es jetzt daliegt, und was Du hier loslassen kannst – lockern – lösen, ganz an den Boden abgeben – ganz von allein kann Dein Körper das für Dich tun, so wie jedesmal, wenn Du in diesen entspannten Zustand gehst, wo Du weißt, daß Du jetzt die Zeit für Dich hast – wo Du weißt, daß Du entscheiden kannst, was Du machen möchtest – wo Dein Körper weiß, daß er einfach loslassen und sich entspannen kann. Je höher Du kommst mit Deiner Aufmerksamkeit, desto tiefer kannst Du Dich entspannen. Während Du mit Deiner Aufmerksamkeit Deinen Rücken wahrnehmen kannst und wo Du überall den Boden berührst – wo Du aufliegst oder wo es einen Abstand gibt zwischen Boden und Deinem Rücken – kannst Du noch ruhiger werden – vielleicht ganz bewußt loslassen – weich werden lassen – weiter werden lassen und lockern und lösen, was Du hier lösen kannst. Vielleicht mit jedem Ausatmen ein kleines bißchen tiefer auf dem Boden ablegen. Oder mit jedem Ausatmen ein kleines bißchen tiefer loslassen. Während Du jetzt mit Deiner Aufmerksamkeit hineinspürst in beide Arme – wie sie heute daliegen – und wie genau Du hier loslassen kannst, indem Du weiter oder weicher werden läßt – vielleicht auch, indem Du Dir vorstellst, daß Deine Arme schwerer werden – oder Du ganz bewußt all das noch lockern kannst, was Du jetzt hier lockern und lösen möchtest. Um dann wahrzunehmen, wie Dein Kopf aufliegt – und was Du hier im Nacken und Kopf noch loslassen kannst – an den Boden abgeben – wieder gehen lassen kannst, wie Gedanken vielleicht – oder wie Deinen Atem. Einfach nur wahrnehmen, wie Dein eigener Rhythmus ist und wie Du Dich von Deinem Atem schaukeln lassen kannst – in Deinem Rhythmus – und mit jedem Ausatmen so ein kleines bißchen mehr loslassen – ein kleines bißchen tiefer loslassen, während Du gleichzeitig ganz hellwach sein kannst. ...

▶ Alle Sinne ansprechen

Hier wird die Einleitung für die Reise über alle Sinne vorgenommen. Man beginnt damit, erst die visuellen Eindrücke anzusprechen, was es zu sehen gibt mit geschlossenen Augen, was zu hören, welche Geräusche in dem Raum sind, wie die Stille ist oder wie die Musik ist, wie Du Dich von der Musik mitnehmen lassen kannst zu einer Geborgenheit in Dir. Weiter kinästhetisch, indem Du Dir erlauben kannst, die Schwerkraft zu spüren, wie Du auf dem Boden liegst und einen eigenen Atemrhythmus spürst und damit immer mehr loslassen kannst. Indem Du olfaktorisch wahrnehmen kannst, daß es vielleicht einen bestimmten Geruch gibt, der für

Dich gleichbedeutend ist mit Entspannung oder einem ganz bestimmten Geschmack, der für Dich Entspannung unterstreichen kann. Und indem Du alle Sinne abholst und von außen nach innen leitest, kannst Du unterstützen, daß der Beginn der Phantasiereise vollständig eingeleitet wird.

Zum Beispiel: ... Und alles was Du wahrnimmst, kannst Du dazu nutzen, ganz nach innen zu Dir zu kommen – alles was Du hinter Deinen geschlossenen Lidern sehen kannst oder an Geräuschen hörst – wie Du die Schwerkraft spüren kannst – was Du im Moment riechen kannst – und Dein eigener Geschmack – alles dies kann Dich ganz nach innen leiten, um Kontakt aufzunehmen mit Deinem Unbewußten, Kontakt mit Dir. ...

4. Das Herzstück – die eigentliche Reise

Für das Herzstück der Phantasiereise ist es wichtig, eine eigene Geschichte oder Metapher zu entwerfen, die als Träger der Botschaft dienen soll. Wenn ein bestimmter Zustand, wie z.B. Kreativität, Entspannung, Ruhe oder Frieden erreicht werden soll, finde heraus, welches die Kriterien sind, damit solche Zustände leicht kreiert werden können oder wann und wo sie selbstverständlich da waren.

Tu so, als ob Du jetzt in diesem wünschenswerten Zustand bist und notiere Dir alle wichtigen Kriterien und Worte, die zu diesem Zustand gehören. Erinnere Dich an Dein Ziel und formuliere Deine Botschaft. Kleide sie in Deine Geschichte oder Metapher, indem Du alle Worte und Kriterien einfließen läßt.

Alle Sinne ansprechen, um die Erfahrung möglichst vollständig zu machen: sehen, hören, fühlen, riechen und schmecken. Die Repräsentationssysteme auf der Sprachebene nutzen.

Die Milton-Elemente einsetzen, um den Zugang zum Unbewußten zu ermöglichen.

Auch Symbole können das Tor zum Unbewußten weit öffnen und wie in Träumen neue Gedanken und Lösungen entstehen lassen. Symbole sind Mittler zwischen Unbewußtem und Bewußtem und aktivieren lebenswichtige Kräfte für die Weiterentwicklung. Für die Phantasiereisen können sie ein wichtiges Transportmittel sein, um Deine Botschaft oder Deine Aussage zu verdeutlichen. Symbole sind eine universelle Sprache, die unmittelbaren Zugang zu allgemein menschlichen und persönlichen Ressourcen schaffen. Sie sprechen sowohl das Bewußte als auch das

Unbewußte an und lassen weiten Spielraum, die Inhalte der Reisen für sich selbst zu deuten oder zu entschlüsseln. Symbole, die Du verwenden kannst:

Abgrund	→	Gefahr, Herausforderung
Adler	→	Bewußtheit, Größe des Geistes
Ähre	→	Ernte, Wiedergeburt
Affe	→	Weisheit
Altar	→	Heilige Handlungen, Zuflucht
Amboß	→	Tapferkeit und Stärke
Anker	→	Hoffnung
Apfel	→	Fruchtbarkeit
Arm	→	Kraft des Handelns
Auge	→	Spiegel der Seele, Fenster zur Welt
Bad	→	Reinigung
Ball	→	Ganzheit, Wandlung, konzentrierte psychische Energie
Baum	→	Leben, Verbindung, Schutz, Wachstum
Berg	→	Geistiger Aufstieg, Entwicklung, Freiheit, Harmonie
Biene	→	Fleiß, Organisation
Birke	→	Weiblichkeit, Frühling, Kraft
Blume	→	Schönheit, Entfaltung
Blut	→	Liebe, Feuer, Lebenskraft
Brot	→	Gotteserfahrung, Nahrung
Brücke	→	Verbindung, Vermittlung, Kommunikation
Buch	→	Weisheit, Wissen
Chaos	→	Eigene Ordnung, vielfältige Möglichkeiten
Delphin	→	Intelligenz, Spiel, gelungene Kommunikation
Diamant	→	Reinheit, klares Bewußtsein
Drache	→	Sexualität, Kraft, Intensität
Dreieck	→	Geist, Vitalität, Harmonie, Stärke, Verbindung
Edelstein	→	Himmliche Mächte, göttliches Licht, Führung
Ei	→	Leben, Fruchtbarkeit
Eiche	→	Männlichkeit, Stärke

Elefant	→	Kraft, Weisheit, Glück, langes Leben, gutes Gedächtnis
Engel	→	Schutz, Vermittler, Helfer
Erde	→	Leben, Geborgenheit, Sicherheit, Fruchtbarkeit
Eule	→	Weisheit
Fackel	→	Reinigung, Erleuchtung, Freude, Hoffnung
Felsen	→	Treue, Stärke, Festigkeit, Unveränderlichkeit
Feuer	→	Reinigung, heilende und erneuernde Kraft, Energie
Fisch	→	Symbol des Selbst, geistige Macht, Glück
Fluß	→	Zeit, Vergänglichkeit, Unbewußtes, psychische Energie
Frosch	→	Heilung, Verwandlung, Gefühle
Fuchs	→	Schlauheit, Hinterlist
Garten	→	Paradies, kosmische Ordnung, Leben
Gefäß	→	Fülle, Frische, Sammlung
Gold	→	Ewigkeit, Sonne, Vollkommenheit, Liebe
Grab	→	Tod und Wiedergeburt
Grenze	→	Neue Möglichkeiten, Transzendenz
Haar	→	Lebenskraft, Antennen, Intuition, Weisheit
Hand	→	Handlungsfähigkeit
Haus	→	Geborgenheit, Seele des Menschen
Herz	→	Mitte, Liebe, Spiritualität, Zärtlichkeit
Himmel	→	Aufstieg, Kreativität, schöpferisches Prinzip
Hirsch	→	Fruchtbarkeit, geistiges Wachstum, Leidenschaft
Hochzeit	→	Vereinigung, Harmonie
Höhle	→	Schoß, Geburt, Schutz, Erkenntnis
Hund	→	Treue, Hilfe, Aggression
Hut	→	Kopf, Gedanken, Meinungsänderung
Insel	→	Sorgenfreier Ort, Abgeschiedenheit, Ruhe
Katze	→	Gefühle, Eigenwilligkeit, Individualität, Genuß
Kerze	→	Licht, Geist und Materie
Kette	→	Verbindung, Fessel
Kind	→	Unbefangenheit, Kreativität, Spiel, Lust
Kirche	→	Sinn des Lebens

Kirsche → Selbstfindung
Knoten → Verknüpfung, Vernetzung, Verwicklung
Kreis → Vollkommenheit, Ewigkeit, Ganzheit, Schutz

Lehrer → Respekt, Weisheit
Licht → Geist, Erkenntnis, Erleuchtung
Löwe → Mut, Wildheit, Macht

Maske → Übermenschliche Kräfte
Meer → Unbewußtes, Verbindung, Weite, Freiheit
Mond → Weiblichkeit, Intuition, Gefühl, Lebensrhythmen
Morgenröte → Hoffnung, Neuanfang

Nase → Spürsinn, Intuition
Nest → Geborgenheit, Ruhe

Ohr → Offenheit, Klugheit, Güte
Opfer → Verbindung mit Gott, Loslassen, Hingabe

Palast → Sicherheit, Schutz, Transzendenz
Pfeil → Macht, Schnelligkeit, Zielgerichtetheit
Pferd → Lebenskraft, Potenz, männliche Vitalität

Quelle → Erweckung seelischer Energie, Ursprung, Klarheit

Rad → Bewegung, Erneuerung, Wandel
Regenbogen → Verbindung von Himmel und Erde, Versöhnung
Reise → Lebensweg, Suche nach geistigen Werten
Rose → Liebe, seelische Ganzheit

Samenkorn → Alle Möglichkeiten, Lebenskraft, Zukunft
Schatz → Angestrebte Ziele, Ressourcen
Schildkröte → Konzentration, Meditation, Unsterblichkeit
Schlange → Instinkte, Wandlung und Heilung, Sexualität

Schleier	→	Geheimnis
Schloß	→	Erfüllung aller guten Wünsche
Schmetterling	→	Psyche, befreite Seele, Verwandlung
Schwert	→	Kraft, Tapferkeit, Entscheidung, Trennung, Gerechtigkeit
Silber	→	Reinheit, Weiblichkeit
Sonne	→	Schöpferische Energie, Selbstentfaltung, Männlichkeit
Spiegel	→	Selbsterkenntnis, Bewußtsein, Klarheit
Spirale	→	Dynamik, neue Dimensionen, schöpferischer Prozeß
Stern	→	Ideale, Schönheit, geistiges Licht
Tanz	→	Freude, Ausdrucksfähigkeit, Fließen, Lust
Treppe	→	Bewegung, Verbindung der Gegensätze
Tür	→	Übergang, neue Perspektiven, Möglichkeiten
Uhr	→	Lebenszeit
Vogel	→	Freiheit, Luft
Wald	→	Konzentration, Abgeschiedenheit, das Innenleben
Wasser	→	Leben, Ursprung, Reinigung
Weg	→	Lebensweg, Orientierung
Wiese	→	Wachstum, Fortschritt, Schönheit
Wind	→	Wechsel, Leichtigkeit, spielerisch, Flüchtigkeit

5. Die Rückreise

Die Rückreise bedeutet von innen wieder nach außen zu kommen, um die Trance vollständig zu beenden und wieder voll im Alltagsbewußtsein und in der Realität hier anzukommen. Eine Trance oder Phantasiereise beenden heißt, daß Du den Hinweg zurückgehst. Einige Varianten, um von innen nach außen zu kommen:

▶ Atem

Zum Beispiel: ... und Du kannst mit jedem Einatmen den Brust- und Bauchraum mit frischer Energie auffüllen – die Dich wach macht und vital und mit jedem Einatmen Frische und Energie in Dich hineinströmen läßt, die sich im gesamten Körper ausbreiten kann und jede Zelle in Deinem Körper vielleicht schon neugierig macht, was jetzt passiert und wie es weitergeht.

❱ Wechsel von Anspannung und Entspannung

Zum Beispiel: ... hierher zurückkommen, wo Du auf dem Boden liegst, und nimm wahr, was sich zuerst bewegen möchte, um ganz hier wieder anzukommen, vielleicht die Füße oder die Hände oder die Arme oder der Kiefer, und vielleicht kannst Du es unterstützen, indem Du Deine Hände zu Fäusten ballst und anspannst, um ganz hierher zu kommen – ganz hierher zurück in diesen Raum mit Deiner ganzen Aufmerksamkeit und im Loslassen hier ankommst, jetzt.

❱ Armlevitation

Zum Beispiel: ... Und Du kannst wieder Deine Arme als Unterstützung nehmen: Während Du beide Hände zu Deiner Brust bewegst, kannst Du das Gefühl von Wachheit und Frische in Dir stärker werden lassen – und Du bestimmst, in welchem Tempo Du wieder hierher zurückkommen möchtest – wie schnell Du mit Deiner Aufmerksamkeit wieder nach außen kommen möchtest, so daß, wenn Deine Hände Deine Brust berühren, Du vollständig wieder hier bist – frisch und vital – mit der Energie, die Du jetzt gebrauchen kannst.

❱ Zählen von 1-10

Zum Beispiel: ... Und mit dem Wissen, daß Du jederzeit alles so für Dich herrichten kannst, daß es Dich unterstützt, verabschiede Dich und komm auf dem Weg, auf dem Du hierher gekommen bist, zurück – geh auf diesem Weg zurück – bis Du wieder an den Fuß der Treppe kommst – von der Du weißt, daß sie zehn Stufen hat, und Du weißt, daß Du diese Stufen nach oben gehen kannst – von zehn nach neun, mehr und mehr wieder wach werden kannst – nach acht und ganz hierher zurückkommen kannst mit Deiner Aufmerksamkeit in Deinem Körper – nach sieben und spüren kannst, wie Du da liegst – nach sechs und schon wahrnehmen kannst, was es zu hören gibt, Musik – oder meine Stimme und was sich verändert hat – nach fünf, um Dich selbst zu berühren mit einer kleinen Berührung – nach vier, die Dich ganz hierher zurückholt und vielleicht auch einen tiefen Atemzug kommen lassen – nach drei oder ein Räkeln oder Gähnen, um ganz hierher zu kommen – nach zwei und dann schon neugierig sein, was Du heute mit dieser Energie anfangen kannst, um wieder ganz Außen zu sein – nach eins Hier und Jetzt.

▶ Die 5-4-3-2-1-Methode

Zum Beispiel: ... Und während Du hier noch einmal die Farben wahrnehmen kannst, die Töne und Geräusche der Natur, die ganz besondere Atmosphäre an diesem Ort – wie Du Dich hier fühlst und was hier für Dich wichtig ist – kannst Du das in Deiner Zeit abschließen. Noch einmal wahrnehmen, was es für Dich intensiver gemacht hat, das Licht oder die Stille, vielleicht eine ganz bestimmte Bewegung oder Berührung, um diese Qualität mit hierher zu bringen, in diesen Raum – als Gefühl in Deinem Körper. Und indem Du den Geruch wahrnimmst, der für Dich in der Natur wichtig war und welche Gedanken Du von diesem Ort mit hierher bringen kannst – hierher in diesen Raum, wo Du auf dem Boden liegst – kannst Du ausgeruht und schon ein bißchen wacher werden. Wenn Du das für Dich innerlich abgeschlossen hast und Dich auf Deine Art verabschiedet hast, nimm wahr, daß Du schon viel wacher und ausgeruhter daliegst und was in Deinem Körper sich jetzt schon bewegen möchte, um ganz hierher zu kommen. Mit dem Wissen, daß Du an diesen Ort jederzeit zurückkehren kannst – komm hierher zurück, wie nach einem erholsamen Schlaf – frisch und neugierig – was der Tag Dir heute noch schenken wird – an Möglichkeiten kreativ zu sein.

▶ Den Körper durchspüren

Zum Beispiel: ... , so daß Du wahrnehmen kannst, wie Du hier auf der Erde liegst und was Du vielleicht schon als erstes bewegen möchtest – um hierher wach zurückzukommen – wie sich Deine Füße anfühlen, Deine Zehen und Deine Finger – wahrnehmen, wie sich Dein Becken, Dein Rücken und Deine Schultern anfühlen – daß Du spürst, daß Du jetzt hier bist. Du kannst Dich entscheiden, ob Du jeden Atemzug, jedes Einatmen dazu nutzt, hierher zu kommen, Dich mit Energie anzufüllen und wacher zu werden, oder ob Du Dich ein bißchen räkeln möchtest – ein wenig auf die linke oder die rechte Seite rollen. Welche Bewegungen möchtest Du als erstes machen – um ganz hierher zurückzukommen – frisch und vital.

▶ Alle Sinne ansprechen

Zum Beispiel: ... Und komm mit Deiner Aufmerksamkeit wieder nach außen, nach außen in diesen Raum, nach außen hierher zurück und spür noch einmal, wie Du auf dem Boden liegst, welche Bewegung, Berührung Du jetzt gebrauchen kannst, um wach zu werden, welche Geräusche Du hier wahrnehmen kannst – vielleicht ein ganz bestimmter Geruch oder Geschmack – so daß Du mehr und mehr hier ankommen kannst – mit all Deinen Sinnen – um die Augen zu öffnen und Dich umzuschauen – jetzt.

Es empfiehlt sich, beim Hinein- und Hinausbegleiten der Phantasiereise die gleiche Methode zu wählen.

6. Eine passende Musik auswählen

Wir wählen für unsere Phantasiereisen langsame Instrumentalstücke, elektronische Musik oder Naturgeräusche. Wir verwenden Musik, die im eigentlichen Sinne kein Thema hat, sondern durch ihre langgezogenen Tonpassagen die Zeitstruktur der linken Gehirnhälfte auflöst und damit automatisch den Übergang von der linken zur rechten Hirnhemisphäre herbeiführt. Diese Musik bringt Dich nach „drüben", und Deine Hirnwellen gehen auf Alpha, in einen leicht hypnotischen Zustand.

7. Ausprobieren und die Zeit nehmen

Wir haben es als hilfreich erlebt, nach einer sorgfältigen Planung jede Reise erst einmal in allen drei Positionen durchzuspielen.

1. Position: Wir probieren unsere Phantasiereise zuerst an uns selbst aus, um eine Idee zu bekommen, wie sie auf andere wirken kann, indem wir selbst reisen.

2. Position: Wir begleiten entweder real oder in unserer Vorstellung einen Partner auf seiner Reise.

3. Position: In unserer Phantasie erleben wir die gesamte Reise von außen, sozusagen als Beobachter, der sowohl den Reisenden als auch den Reisebegleiter wahrnehmen kann.

Dies gibt uns meist viele wichtige Hinweise, was noch zu verbessern ist. Außerdem gibt uns dies die Sicherheit über die Zeit, so daß wir für die Durchführung wissen, welchen Zeitrahmen wir setzen müssen und worauf wir achten sollten.

———

Dies ist unsere Art Phantasiereisen zu basteln, vielleicht hast Du einige Anregungen für Deine eigenen Schöpfungen bekommen. Wir wünschen Dir viel Spaß und Erfolg bei Deiner persönlichen Entdeckungsreise.

Wir über uns

Wir, Evelyne Maaß und Karsten Ritschl, leiten seit Jahren gemeinsam das Weiterbildungsinstitut **Spectrum KommunikationsTraining** in Berlin.

Wir und unser Team schaffen eine Lernatmosphäre, in der es möglich ist, spielerisch und mit Lust Neues zu entdecken. In einem angenehmen Rahmen kann jeder neugierig sein, die eigenen Möglichkeiten, Talente und Brillanzen zu erfahren und zu erweitern.

Lernen kann und soll Spaß machen.

Wer daran interessiert ist, unsere Arbeit persönlich kennenzulernen, ist herzlich eingeladen, an einem unserer offenen Seminare teilzunehmen.

▶ Coach-Ausbildung
▶ NLP-Ausbildungen aller Stufen
▶ Seminar „Die Macht der Sprache"
▶ Seminar „Erfolgreiches Team-Coaching"
▶ Seminar „Selbst-Management"
▶ Seminar „Die Freiheit zu lieben"
▶ Seminar-Abend: NLP erleben

Wir informieren Sie gerne über unser aktuelles Programm:

Spectrum KommunikationsTraining
Stierstraße 9
12159 Berlin
Fon 030/852 43 41
Fax 030/852 21 08
e-mail info@nlp-spectrum.de
Internet: www.nlp-spectrum.de

Sollten Sie an firmeninternen Fortbildungsmaßnahmen zu den Themen:

▶ Coaching
▶ Kommunikation und Teamentwicklung
▶ Kreativität und Persönlichkeitsentwicklung

interessiert sein, nehmen Sie mit uns Kontakt auf.

Wir würden uns über eine Zusammenarbeit freuen.

Glossar

Auditiv heißt den Gehörsinn betreffend. Worte, die auf eine auditive Wahrnehmung hinweisen oder zu auditiven Phantasien anregen, sind z.B. hören, abstimmen, ansprechen, eintönig, klangvoll, laut, Töne, Geräusche.

Bewußt sind Dir all die Dinge, denen Du zum gegenwärtigen Zeitpunkt Deine Aufmerksamkeit schenkst. Du nimmst in einem Augenblick nur sehr begrenzt Ausschnitte Deiner Umwelt, Deines Denkens und Deiner Handlungen bewußt wahr. Der überwiegende Teil unserer Kommunikation verläuft auf der unbewußten Ebene. Das Bewußtsein kann uns dabei unterstützen, unsere Fähigkeiten mit unseren Glaubenssätzen in Einklang zu bringen.

Glaubenssätze sind allgemeine Aussagen, z.B. über Dich selbst, Deine Beziehungen, Deinen Körper, Deinen Lebensalltag, Deine Arbeit usw., an die Du persönlich glaubst. Die Inhalte der Glaubenssätze beeinflussen unsere Wahrnehmung, unser Denken, unser Verhalten, unsere Fähigkeiten und unsere Empfindungen.

Gustatorisch heißt den Geschmack betreffend. Dazu gehört alles, was Du mit Deinem Geschmackssinn wahrnehmen kannst (z.B. sauer, süß, scharf, salzig, bitter usw.). Redewendungen, die auf eine gustatorische Wahrnehmung hinweisen und zu gustatorischen Phantasien anregen, sind z.B.: Lieblingsessen, Leckerbissen, geschmackvoll, süß, aromatisch.

Identität ist das Selbstbild oder Selbstkonzept eines Menschen. Es ist Deine Antwort auf die Frage: „Wer bist Du?"

Innerer Zustand ist alles, was sich in Dir abspielt. Dazu gehören Deine Gedanken mit den inneren Bildern und Tönen und Deine Gefühle. Es gibt innere Zustände, die Dich unterstützen und solche, die Dich nicht unterstützen, um ein bestimmtes Ziel zu erreichen. Du kannst gewünschte innere Zustände mit Hilfe Deiner Gedanken, Deiner Körperhaltung/ -bewegung und der Atmung herstellen und verändern.

Kinästhetisch heißt das Fühlen betreffend. Er nimmt „kinästhetisch wahr", meint, daß er etwas fühlt. In Phantasiereisen werden vor allem Worte wie z.B. fühlen, berührt sein, begreifen, behandeln, weich, warm, fest, glatt, sanft, Ausdruck u.a. genutzt, um das Gefühl anzusprechen.

Metaphern sind Geschichten, Analogien oder Vergleiche, die in einer Phantasiereise zu einer Identifikation anregen können.

Milton-Modell ist ein vom Hypnotherapeuten Milton Erickson entwickeltes Sprachmuster, das auf kunstvoll vage Weise den Zuhörer dazu animiert, fehlende Informationen zu ergänzen.

Neurolinguistisches Programmieren (NLP) ist ein dem Leben abgeschautes Modell menschlicher Kommunikation und ein praktisches Modell dafür, wie Menschen erfolgreich lernen. NLP bietet einen „bunten Strauß" an Möglichkeiten, wie Du persönliche Fähigkeiten weiterentwickeln kannst.

Olfaktorisch ist den Geruch betreffend. Dazu gehört alles, was Du mit Deinem Geruchssinn wahrnehmen kannst. Worte, die für Phantasiereisen genutzt werden und eine olfaktorische Wahrnehmung fördern, sind z.B.: spezieller Duft, Geruch, Blumenduft.

Pacing und Leading heißt wörtlich übersetzt: „einhergehen" und „führen" und beschreibt den Prozeß des „Abholens" und des „Führens" einer Person innerhalb einer Phantasiereise. „Pacing" meint das Herstellen von Kontakt, indem Du Dich auf die Wahrnehmung, das Denken und das Verhalten des anderen einstellst. Durch das Verändern der Stimme und der Wortwahl „führt" man dann seinen Gesprächspartner. Grundlage für das Führen ist Vertrauen (Rapport).

Positive Absicht ist der Vorteil oder der Gewinn einer Verhaltensweise. Es ist eine Grundannahme des NLP, daß hinter jeder Verhaltensweise, mag sie noch so problematisch erscheinen, eine positive Absicht für den Problembesitzer steckt.

Quelle ist ein intensiver Seinszustand von vollständigem Aufgehobensein, Geborgensein, in Fluß sein, in Liebe sein.

Repräsentationssystem – wir können Informationen in Form von Bildern, Tönen, Gefühlen, Geruch oder Geschmack wahrnehmen, abspeichern und wieder abrufen. Repräsentationssystem bezeichnet den oder die Sinneskanäle, in denen wir Informationen abspeichern und wieder abrufen. Wir haben fünf Repräsentationssysteme zur Verfügung: Visuell, Auditiv, Kinästhetisch, Olfaktorisch, Gustatorisch (sehen, hören, spüren, riechen, schmecken).

Ressourcen sind all die individuellen Fähigkeiten, Stärken und Talente, die Du in Dir trägst. Ressourcen können Verhaltensweisen, innere Zustände (z.B. Ruhe, Sicherheit, Vertrauen), Strategien, bestimmte Gedanken, höchste Werte, Erfahrungen, die Verbindung zu Deiner inneren „Energie-Quelle" oder Dein Glauben an größere Zusammenhänge sein.

Trance ist ein veränderter Bewußtseinszustand, in dem die Aufmerksamkeit nach innen gerichtet ist.

Unbewußt sind Dir all die Dinge, die von Dir – aus welchen Gründen auch immer – gerade in diesem Moment nicht aufgefaßt bzw. wahrgenommen werden können, die Dir dadurch also nicht bewußt sind. Das Unbewußte unterstützt und beeinflußt unser Verhalten. Manche Menschen behaupten, das „es" der Sitz unserer Intuition und unserer Kreativität ist.

Untereigenschaften sind die feinen Unterscheidungen unserer Gedanken. Du kannst mit den Untereigenschaften genauer herausfinden, wie Du denkst. Visuelle Untereigenschaften: Bewegung, Helligkeit, Farbe, u.a. Auditive Untereigenschaften: Lautstärke, Tonhöhe, Entfernung, u.a. Kinästhetische Untereigenschaften: Druck, Temperatur, Intensität, u.a. In der Phantasiereise kannst Du eine Veränderung von Untereigenschaften nutzen, um eine Veränderung des Erlebens zu bewirken.

Visuell heißt das Sehen betreffend. Du nimmst „visuell wahr", meint, daß Du etwas siehst. Worte, die bei Phantasiereisen die visuelle Wahrnehmungsebene anregen, sind z.B. sehen, hell, farbig, klar, Durchblick, Ansicht, Einsehen, Ansehen, Ausblick.

Werte sind Deine grundlegenden Überzeugungen und Einstellungen zum Leben, die Dein Denken und Handeln bestimmen. Es sind die Antworten auf die Fragen: „Was ist Dir in Deinem Leben besonders wichtig?", „Wofür lohnt es sich zu leben?", „Wovon möchtest Du mehr und intensiver erleben?", „Was macht das Leben für Dich lebenswert?" Mögliche Antworten sind z.B. Lebensfreude, Liebe, Lebendigkeit, Harmonie, Offenheit, Spaß, Selbstverwirklichung, Vertrauen.

Ziele sind gewünschte, konkrete und sinnlich wahrnehmbare Ergebnisse. Mit Zielen formulierst Du, was Du in Deinem Leben erreichen möchtest. Ziele geben die Richtung an, in die Du Dich bewegen möchtest. Wenn Du weißt, wo Du hinmöchtest, weißt Du auch, wer und was Dich darin unterstützen kann, Dein Ziel zu erreichen.

Zeitlinie ist eine innere räumliche Anordnung von vergangenen, gegenwärtigen und zukünftigen Ereignissen.

Literatur

ANDREAS, C. & T.: *Der Weg zur inneren Quelle. Core-Transformation in der Praxis. Neue Dimensionen des NLP.* Junfermann, Paderborn 1995

BACH, R.: *Die Möwe Jonathan.* Ullstein, Berlin 1993

BANDLER, R., GRINDER, J.: *Metasprache und Psychotherapie: Die Struktur der Magie I.* Junfermann, Paderborn 1980, [8]1994

BANDLER, R., GRINDER, J.: *Kommunikation und Veränderung: Die Struktur der Magie II.* Junfermann, Paderborn 1982, [6]1994

BOERNER, M.: *Das Tao der Trance.* Goldmann, München 1990

DE BONO, E.: *Laterales Denken.* Econ, Düsseldorf 1992

DILTS, R.B.: *Einstein: Geniale Denkstrukturen und NLP.* Junfermann, Paderborn 1992, [2]1994

DILTS, R.B., EPSTEIN, T. & DILTS, R.W.: *Know how für Träumer. Strategien der Kreativität.* Junfermann, Paderborn 1994

ERICKSON, M.H., ROSSI, E.L.: *Hypnotherapie: Aufbau – Beispiel – Forschungen.* Pfeiffer, München 1981

GOLEMAN, D.: *Emotionale Intelligenz.* Carl Hanser, München 1996

HOUSTON, J.: *Der mögliche Mensch.* Sphinx, Basel 1984

LUTHER, M., MAAß, E.: *NLP-Spiele-Spectrum: Basisarbeit. Übungen – Spiele – Phantasiereisen.* Junfermann, Paderborn 1994, [2]1996

MOHL, A.: *Der Zauberlehrling. Das NLP Lern- und Übungsbuch.* Junfermann, Paderborn 1993, [5]1996

MOHL, A.: *Der Meisterschüler. Der Zauberlehrling II. Das NLP Lern- und Übungsbuch.* Junfermann, Paderborn 1996

O'CONNOR, J., SEYMOUR, J.: *Neurolinguistisches Programmieren: Gelungene Kommunikation und persönliche Entfaltung.* VAK, Freiburg 1992

ORBAN, P.: *Die Reise des Helden.* Kösel, München 1983

ORBAN, P.: *Seele, Geheimnis des Lebendigen.* Hugendubel, München 1991

RITSCHL, K.: *Der Geist des NLP: Neurolinguistisches Programmieren zum Kennenlernen.* Simon & Leutner, Berlin 1996

ROBERTS, J.: *Die Natur der persönlichen Realität – ein neues Bewußtsein als Quelle der Kreativität.* Ariston, Genf 1985

ROBBINS, A.: *Grenzenlose Energie – das Power-Prinzip.* Heyne, München 1993

ROBBINS, A.: *Das Robbins-Power-Prinzip: Wie Sie Ihre wahren inneren Kräfte sofort einsetzen.* Heyne, München 1994

RÜCKERL, T.: *NLP in Stichworten. Das aktuelle NLP-Lexikon. Ein Überblick für Einsteiger und Fortgeschrittene.* Junfermann, Paderborn 1994, [2]1996

WILBER, K.: *Das Spektrum des Bewußtseins.* Scherz, München 1987

Musik

BALL, Patrick: *Celtic harp*, volume 1–4

BUNTROCK, Martin: *Meer*

BUNTROCK, Martin: *Romantic winds*

Crimson-Collection: Volumes 6 und 7

Chakra Meditation, Merlin's Magic, Windpferd Music

DEMBY, Constance: *Novus Magnificat, Through the stargate*

DEUTER, G.: *Land of enchantment*

Dolphin dreams, a sonic Environment for Meditation and Birth

EVENSON, Dean: *Ascension*

KADER, Peter: *How the west was lost*

KARUNESH: *Sounds of the heart*

KITARO: *Silkroad*

KOBIALKA, Daniel: *When you wish upon a star*

LEE, Jonathan: *Stress Reducer*

MANDEL, Bob & Mallie: *Peace on earth now*

MOZART: *Konzert für Flöte und Harfe*

PC DAVIDOFF AND FRIENDS: *Secrets of the Jade*

ROWLAND, Mike: *Silver wings*

RAMJOUE, Michael: *Garten der Stille*

SERANO, Oliver: *Minho valley fantasies*

SERANO, Oliver: *vida para vida*

TEPPERWEIN, Sidh F.: *Flight of fantasie*

JUNFERMANN